Geht aufeinander zu

Matthias Rathmann

novum ◢ pro

Dieses Buch ist auch als
e-book
erhältlich.

www.novumverlag.com

Bibliografische Information
der Deutschen Nationalbibliothek:

Die Deutsche Nationalbibliothek
verzeichnet diese Publikation in
der Deutschen Nationalbibliografie.
Detaillierte bibliografische Daten
sind im Internet über
http://www.d-nb.de abrufbar.

© 2015 novum Verlag

ISBN 978-3-99038-943-0
Lektorat: Alexandra Eryigit-Klos
Umschlag- und Autorenfoto:
Thomas Küppers
Umschlaggestaltung, Layout & Satz:
novum Verlag

Gedruckt in der Europäischen Union
auf umweltfreundlichem, chlor- und
säurefrei gebleichtem Papier.

www.novumverlag.com

Inhaltsverzeichnis

Prolog

Die Hektik ist gewichen. Mit den Mitarbeitern hat sie sich ins Wochenende verabschiedet. Nach einer betriebsamen Woche stehen die Räder auf dem Speditionshof still. Weder die Motoren der Lkws noch die Stimmen der Fahrer sind mehr zu hören. Die Sattelzüge mit dem hellblauen Stern auf der roten Plane haben ihr übliches Wochenendritual durchlaufen: Die Fahrer haben der Disposition ihre Fahrerkarten des digitalen Tachografen zur Datenauslese ausgehändigt, ihre Kabinen von ihren Habseligkeiten befreit und ihre jeweiligen Lkws durch die firmeneigene Waschstraße gefahren.

Sauber aufgereiht stehen die Fahrzeuge am Samstagnachmittag nun beisammen. Das eine oder andere Verteilerfahrzeug hat sich daruntergemischt, als hätte es Anschluss an die großen Geschwister, deren Spezialität der Fernverkehr ist, gesucht. Die Flotte belegt einen Großteil der Freifläche zwischen dem funktional wirkenden Bürogebäude, der Werkstatt, der Waschstraße und den drei alten schmucklosen Lagergebäuden. Zum Lagerneubau auf der gegenüberliegenden Seite, wo die Spedition Stern ihr Grundstück erst vor einigen Jahren erweitert hat, hat sich lediglich das Hofwiesel verirrt. Dessen Aufgabe ist das Umsetzen von Wechselbehältern. Doch auch das befindet sich im Ruhemodus.

Wirklich zur Ruhe kommt das Betriebsgelände aber nicht. Ein weitmaschiger Klangteppich aus Schreien, die aus kindlichem Übermut herrühren, und aus den dröhnenden Durchsagen einer überforderten Lautsprecheranlage hat sich hartnäckig über den Asphalt gelegt. Auslöser dieses Grundrauschens sind Betreiber und Gäste des Waldfreibads auf der anderen Seite des Sonnhäuser Forsts. Bei schweißtreibenden 32 Grad Außentemperatur Anfang August herrscht dort Hochsaison. Das Bad ist Zufluchtsort von Sonnenanbetern und Familien, die den Badespaß vor der Haustür zu moderaten Eintrittspreisen dem Planschen im Mittelmeer zur hochpreisigen Hauptsaison vorziehen.

Anhand der Lärmfetzen lässt sich halbwegs erahnen, welch ausgelassenes Treiben einige hundert Meter weiter herrschen muss. In diese Geräuschkulisse mischt sich nun der Dieselmotor eines Kleintransporters. Ein weißer VW Crafter biegt in die Einfahrt neben dem frei stehenden Lagergebäude ab und gesellt sich zum Hofwiesel. Zuvor dreht der Fahrer des kompakten 3,5-Tonners auf dem Gelände noch eine Runde, als würde er Ausschau nach einem Lagermitarbeiter halten oder ein ihm vorab zugewiesenes Anliefertor suchen. Danach steigt der Fahrer aus, mustert die Umgebung und läuft an den Rampen vorbei zu dem kleinen Lager-Anbau, der eine Zwei-Zimmer-Wohnung beherbergt.

Ein Kleinlaster wie der weiße Crafter ist auf dem Speditionsgelände kein ungewöhnlicher Gast, dessen Fahrer schon. Er trägt den schwarzen Talar eines evangelischen Pfarrers und am Kragen das dazugehörige weiße Beffchen. Der Besucher klingelt zweimal an der Wohnungstür. Dann ein drittes Mal.

Nachdem niemand reagiert, macht der Mann im Talar kehrt, öffnet das Heckportal seines Fahrzeugs und entnimmt dem Laderaum mehrere Zeitungsbündel. Die stapelt er rasch unterhalb des nächstbesten Fensters, das er von seinem Parkplatz aus erreichen kann. Als das Papier abgeladen ist, blickt der ungewöhnliche Gast noch einmal über das Gelände, steigt in seinen Transporter und verlässt das Grundstück auf demselben Weg, auf dem er es befahren hat. Es wird nicht das letzte Mal sein, dass der samstägliche Besucher heute das Gelände betritt.

Den zweiten Besuch bekommt der Mann mit dem Feldstecher aber nicht mehr mit. Er beobachtet den Fahrer aus einem Versteck aus dichtem Buschwerk von den Ausläufern des Sonnhäuser Forsts aus. Wenige Augenblicke, nachdem der Talarträger mit seinem Kleinlaster das Gelände verlassen hat, schwingt sich auch der Mann mit dem Fernglas in sein Fahrzeug und düst davon – etwas irritiert, ohne sich einen Reim auf die Beobachtungen auf dem Speditionshof machen zu können. Zuvor hatte er – wie in den vorherigen Tagen – die Badegäste im Schwimmbad im Visier, bis der mutmaßliche Pfarrer im Kurierfahrzeug sein Interesse geweckt hat.

Teil 1

Gemeinde in Bewegung

Kapitel 1

Der Fotograf

Angezettelt hat das Ganze die Kleine. Ihr wisst schon, die Maus mit der Schraube an der Lippe. Mit ihrem Eifer hat sie hier Tausende in den Wahnsinn getrieben. Muss wohl jugendlicher Leichtsinn sein. Das Mädel zählt gerade mal 26 Lenze. Na ja, Marie Bachmann – so heißt die Kleine – hat es ja nur gut gemeint. Sie wollte halt was bewegen. Da ist man neu im Dorf und auch im Job. Was bleibt einem da anderes übrig, als mit unkonventionellen Ideen zu kommen, wenn man beachtet und für voll genommen werden will? Marie hatte ja keinen Schimmer, was sie da ins Rollen bringen würde.

Doch letztlich hat sie es allen gezeigt. Ich sollte daher vielleicht weniger lästern, geschweige denn über Marie herziehen. So was wie Anerkennung wäre wohl angebrachter. Da ich Einzelkämpfer bin, habe ich aber keine Übung darin, jemandem auf die Schulter zu klopfen. Also tue ich mich mit Lob etwas schwer. Verdient hätte Marie es: Das Mädel hat sich etwas in den Kopf gesetzt und alle mit ihrer Idee infiziert. Es hat sein Ding gemacht. Wer hätte ihr das zugetraut – bei allem, was passiert ist, dem Widerstand und der Schlammschlacht, die sich meine schreibenden Kollegen geliefert haben und in die sie die Maus mit dem Piercing reingezogen haben?

Außerdem: Habe ich einen Grund, mich über das Mädel zu beschweren? Im Gegenteil, immerhin hat mir ihr Projekt jede Menge Aufträge beschert. Ich kann mich jedenfalls nicht daran erinnern, in den vergangenen Jahren zu einem anderen Thema so häufig den Auslöser meiner Nikon betätigt zu haben. Positiver Nebeneffekt: Durch die Termine habe ich Marie in den vergangenen Monaten recht gut kennengelernt. Im Grunde ist sie okay. Gut, sie trägt etwas weite Klamotten und hört abgefahrene Musik. Und die Schraube im Gesicht ist auch nicht gerade mein Geschmack. Doch Marie ist sportlich und alles andere als reizlos. Wäre ich halb so alt, würde ich schauen, dass zwischen uns keine Kamera steht. Und wenn, dann würde ich meiner Nikon wohl ganz andere Bildmotive mit dem Mädel entlocken, ihr wisst schon.

Aschermittwoch war jedenfalls gerade verstrichen, als Holter anruft und mich nach Sonnhaus beordert. „Hör mal, Jan: Im Gemeindehaus erwarten dich der Kirchengemeinderat und ein hübsches Mädel", sagt er. Ich will wissen, welchen Zusammenhang es da gibt, aber da legt er auch schon auf. Neugierig macht mich Holter trotzdem – sofern das bei einem abgebrühten Fotografen wie mir überhaupt noch gelingt. Allein in den vergangenen fünf Wochen habe ich ständig meine Lenden für hübsche Mädels geöffnet. Verzeiht, ich meine natürlich meine Blenden, die an meiner Nikon. Hoch das linke Bein, hoch das rechte Bein – ich will eure Slips sehen. Nun lacht nicht, so laufen sie doch ab, die Faschingsveranstaltungen mit den leicht bekleideten Tanzmariechen, oder? Nun also noch ein Mariechen, dessen Name Holter mir in dem kurzen Telefonat nicht nennt. Später erfahre ich ihn natürlich: Marie. Gütige Marie.

Frank Holter ist seit gefühlten Jahrzehnten Lokalchef des Dornheimer Anzeigers. Das Blatt setzt in der Region täglich rund 30.000 Exemplare ab und ist mein wichtigster Auftraggeber. Vor Jahren war ich dort fest angestellt, kenne also alle Nasen und Abläufe. Man arrangiert sich und kommt miteinander klar. Doch ich muss wohl nicht erwähnen, dass der digitale Wandel auch vor dem Dornheimer Anzeiger nicht haltgemacht hat. Internet und mobile Anwendungen lassen grüßen. Die Zeitungsleser sterben nach und nach aus. Ich schätze mal, dass die Auflage vor 15 bis 20 Jahren doppelt so hoch war. Und damit wohl auch die Rendite des Verlegers. Na ja, um ihn muss man sich trotzdem keine Sorgen machen, der hat seine Schäfchen im Trockenen.

Ralf Ringhaus, von dem die Rede ist, ist ein streitbarer Geselle – davon lebt das Blatt auch noch im Zeitalter des Internets und der sozialen Netzwerke. Es ergreift Partei, es zeigt Profil und es polarisiert. Das schafft Freunde und Feinde und damit immer auch Leser, egal ob nun in der Printausgabe, in den sozialen Netzwerken oder in diversen Newslettern, die der Verlag regelmäßig verschickt.

Nachdem meine Unfallbilder im Kasten waren, hätte ich mich normalerweise gleich zu Charlotte ins Café gesetzt, die Bilder dort von der Karte auf das Notebook gezogen, sie bearbeitet und in die Redaktion gebeamt. Holter erwartet sie sicherlich schon sehnsüchtig. Denn Verkehrsunfälle machen sich nicht nur für die gedruckte Ausgabe gut, sondern erst recht als Bildergalerie im Netz. Der gemeine Leser ist hungrig auf solche Kost: Er klickt sich durch, und der Sabber tropft ihm runter. Blut spricht nun mal die intimsten Fantasien an. Wie heißt es so schön: Des einen Freud, des anderen Leid – das gilt in dem Fall auch umgekehrt.

Okay, formulieren wir es etwas sachlicher: Leid ruft Betroffenheit und Neugier hervor – und für den Verleger viel wichtiger: wertvolle Klicks auf der Seite. Das ist erwünscht: Denn schon kann Ringhaus höhere Anzeigenpreise auf seinem Portal verlangen, so einfach ist das. Wobei er mit seinen Online-Aktivitäten eh nicht auf einen grünen Zweig kommt. Das ist aber weniger das Problem von Ringhaus allein, sondern das Dilemma der ganzen Branche: Sie hat es schlicht und ergreifend verpennt, ihre Leser im Netz zur Kasse zu bitten. Jetzt ist der Zug abgefahren. Wer will schon für das Zeugs zahlen? Ich gebe dafür keinen Penny, lieber lasse ich ihn bei Charlotte im Café. Aber ich bin ja nicht der Maßstab, sondern ein lebendes Fossil.

Der Verkehrsunfall? Nix Schlimmes: An einer Auffahrt zur L 57 verschätzt sich ein Fahranfänger und erhält dafür die Quittung. Er wähnt den heranfahrenden BMW in sicherer Entfernung und fährt mit seinem Golf sechs unbekümmert los. Batsch, peng, schon ist's geschehen. Der BMW-Fahrer kann noch recht gut abbremsen, sodass mir außer verbeultem Blech nichts vor die Linse kommt. Der Golf-Grünschnabel hat Dusel und trägt nur ein paar Blessuren davon. Doch ich muss euch enttäuschen: Sehen werdet ihr das nicht – Bilder von Toten und Verletzten veröffentlicht der Dornheimer Anzeiger nicht, jedenfalls nicht unverpixelt. Er druckt nur die unverfänglichen Bilder ab. Berufsethos nennt sich das wohl. Oder eher Angst vorm Presserat? Egal. Wer's gern unzensiert hat, muss dann schon zu mir kommen. Meine externen Festplatten sind voll von solchem Zeugs. Ich hab im Lauf meiner Karriere genug Blut gesehen und beginne deshalb nicht gleich zu kreischen, wenn die Feuerwehr mit großen Zangen und anderen Gerätschaften anrücken und die eingequetschten Insassen herausziehen muss. Doch das war vorhin ja erst gar nicht erforderlich. Die Unfallbilder werden erst mal auf meiner Karte bleiben und die Leser sich gedulden müssen, denn der Kirchengemeinderat und das hübsche Mädel warten.

Das Café muss daher heute ohne mich auskommen. Charlotte, die Chefin, wird das bedauern. Ein paar Worte mit mir bringen sie immer auf andere Gedanken, mit meinen Foto-Love-Storys entreiße ich sie für einige Augenblicke ihrer Zuckerbäckerwelt. Die Zuneigung beruht aber durchaus auf Gegenseitigkeit. Der Plausch mit der Konditorin ist mir ebenfalls wichtig. Ein Leben ohne diesen Plausch wäre möglich, aber sinnlos – um frei nach Loriot zu reden. Von ihr erfahre ich mehr als aus dem Dornheimer Anzeiger. Sorry, ihr Kollegen aus der Schreibwerkstatt, aber so ist es nun mal. Charlotte weiß alles. Und sie hat das Talent, mir meine Wünsche von den Lippen abzulesen – genau der Körperregion, die bei mir auf immer und ewig schraubenlos bleiben wird. Ich heiße ja nicht Tanz-Marie. Je nach Gesichtsausdruck weiß Charlotte also, ob doppelter Espresso oder Cappuccino mit Mandelhörnchen angebracht ist. Oder ob sie mir lieber wortlos einen Cognac ganz ohne Heißgetränk und Backwaren serviert – auch solche Momente haben wir schon geteilt. Meist dann, wenn Holter es wieder besonders gut mit mir meint.

Heute benimmt er sich ganz kultiviert, er mault nicht, er drängt nicht. Dass er kurz angebunden ist, braucht mich nicht zu bekümmern. Das entspricht seinem Naturell. Charlotte bekommt mich heute jedenfalls nicht zu Gesicht, dafür besagte Marie mit ihrem Kirchengemeinderat. Statt Cappuccino mit Mandelhörnchen also Sahneschnitte im Gemeindehaus?

Auf die Sahne habe ich mich zu früh gefreut. Müsste ich meinen ersten Eindruck von Marie in Backwaren-Sprache beschreiben, ich hätte mich wahrscheinlich für den guten alten Frankfurter Kranz entschieden: Marie ist unauffällig wie der Rührteig, aber trotz allem irgendwie geschmeidig wie die Creme in der Mitte. „Jan Pesch, Dornheimer Anzeiger", sage ich und strecke der Maus das Pfötchen entgegen. Sanft nimmt sie es und haucht mir ein „Marie Bachmann" entgegen. Im Lauf der nächsten Monate haben die Kirchenmaus und ich häufiger das Vergnügen miteinander. Ich muss nicht erwähnen, dass es unangenehmere Termine für mich gibt.

Der Kollege von der schreibenden Zunft müsste das ähnlich sehen. Wo ist er überhaupt? Den Dornheimer Stadtteil Sonnhaus beackert beim Dornheimer Anzeiger Lokalreporter Uli Gebauer. Ihn erwarte ich im Gemeindehaus zu sehen. Gebauer ist ein hochgeschossener Jungredakteur, der mich um einen Kopf überragt und sein Volontariat frisch beendet hat. Nun fragt mich aber bloß nicht nach Jahreszahlen – sein Aufstieg zum Vollverdiener könnte auch schon wieder fünf oder sechs Jahre her sein. Und wirklich jung ist er damit wohl auch nicht mehr. In jedem Fall jünger als ich mit meinen 53 Jahren.

Die Gemeindereferentin

Eine Laufveranstaltung? Die drei Damen und fünf Herren des Kirchengemeinderats – ich darf der Einfachheit halber vom KGR sprechen – tauschen wortlos Blicke. Nach dieser Reaktion, die nach meiner ersten Interpretation schieres Entsetzen und Fassungslosigkeit ausdrückt, wäre ich am liebsten in den löchrigen Fugen des Dielenbodens verschwunden. Hätte ich mir diesen Vorschlag nur für einen späteren Zeitpunkt aufgehoben, wenn man sich erst mal besser kennt und das Gremium mir wohlgesonnener ist. Aber nein, es konnte mal wieder nicht schnell genug gehen. Kaum drei Wochen in Sonnhaus und im neuen Job, gehe ich schon mit dem Kopf durch die Kirchenwand, indem ich den KGR mit meiner wahnwitzigen Idee überrumpele.

Eigentlich finde ich die Idee gar nicht so schlecht. Heute Morgen war ich mir sicher, dass es der richtige Tag wäre, um den KGR einzuweihen. Ich fühle mich stark, ausgeglichen und allen Fragen oder Diskussionen gewachsen. Emotional könnte es mir ebenfalls kaum besser gehen, ich zehre noch von dem wundervollen Abend. Mein neuer Freund hat mich nach einem Spaziergang zum Griechen entführt. Das Essen mochte für meine Begriffe zu fettig und üppig sein, das Gespräch mit Mark Kobald – so heißt mein Prinz – stand in schönem Kontrast dazu. Er hat mich bei der Gelegenheit ermuntert, mein Vorhaben in Sachen Laufveranstaltung heute vor dem KGR zur Sprache zu bringen. Wohldosiert und mit angenehmer Würze kamen seine Worte über den kleinen Tisch mit der Plastikgerbera in der weißen Vase rüber. Souvlaki mit Pommes werden wohl nur selten von solch einem betörenden Zauber umweht.

„Sorry, das war nur so ein Gedanke", sage ich, und gedanklich flüchte ich schon zum Vorabend mit Mark, der doch wesentlich harmonischer verlief als nun die Konfrontation mit dem versammelten KGR. „Aber nein, Frau Bachmann, deuten Sie unsere Blicke nicht falsch. Wir tun uns nur schwer, Ihnen gleich zu folgen. Lassen Sie uns gerne an Ihren Plänen teilhaben", ermuntert mich Pfarrer Julian Seegers. Geduld scheint eine seiner Stärken zu sein. Offenbar will er sich kein vorschnelles Urteil bilden. Das macht mir Mut. Pfarrer Seegers, der mich vor Kurzem erst eingestellt hat, trägt ein hellblaues Hemd, das er mit einem grauen Sakko kombiniert hat. Das passt eigentlich immer. Er wischt sich eine Strähne seines blonden Schopfs zur Seite. Mein Chef legt seinen Füller weg und lächelt mir zu – ein eindeutiges Signal an mich. Ich hole tief Luft, genehmige mir einen Schluck Wasser und ergreife meine Chance. Ich schütte das Getränk zu hastig runter, was zur Folge hat, dass einige Tropfen auf mein dunkles Top fallen und meine Nervosität weiter steigt. Einmal atme ich noch durch – nur ruhig Blut.

„Genau, eine Laufveranstaltung", betone ich und mache eine kurze Pause. War das jetzt zu schnippisch? Egal, ich kann mir darüber nicht den Kopf zerbrechen. Was ist mit den Flecken auf dem Top? Starren die nun alle drauf? Intuitiv streiche ich mit dem rechten Zeigefinger drüber, um das Ausmaß des Malheurs abzuschätzen. Halb so wild, Marie. Wie gesagt, ich bin aufgeregt. Mein heutiges Vorpreschen ist nach meiner Vorstellung, verbunden mit einigen Daten zu meiner Person und zu meinem Werdegang, erst der zweite offizielle Termin mit dem Gremium. Vorsitzender ist Pfarrer Seegers. Seinem Wunsch, mehr über meine Pläne zu erfahren, komme ich gerne nach.

Ich umreiße in wenigen Worten das, was ich in meinen drei Wochen in Sonnhaus als die größte Herausforderung für die örtliche evangelische Kirchengemeinde mitbekommen habe: die Notwendigkeit zu kooperieren, konkret also auf die Nachbargemeinde Grafenhorst zuzugehen. „Sie wissen doch, dass die Landeskirche Gemeinden mit gerade mal 2.200 Schäfchen mittelfristig nicht mehr in gleichem Maße fördern kann wie bisher", doziere ich schulmeisterhaft und verweise auf sinkende Kirchensteuereinnahmen infolge von Austritten und auf den geplanten neuen Zuschnitt von Kirchenbezirken.

Mannomann, was für ein gewagter Ritt! Die Kirchengemeinderäte wissen doch selbst nur zu gut, was sie erwartet, und müssen das nicht von mir Grünschnabel ein erneutes Mal aufgetischt bekommen – erst recht nicht unvollständig oder fehlerhaft. Außerdem hat erst an Epiphanias der Dekan über diese angeblich alternativlose Neuorientierung gesprochen.

Ich habe das nur gehört. Selbst war ich noch nicht dabei, das Erscheinungsfest war schließlich einige Wochen vor meinem Antritt in der Gemeinde. Und es dürfte klar sein, dass er die Botschaft besser rüberbringen konnte als ich. Er hat die Jahreslosung 2013 aus Hebräer 13, Vers 14 angesprochen, welche die Situation der Gemeinde nicht treffender beschreiben könnte. „Denn wir haben hier keine bleibende Stadt, sondern die zukünftige suchen wir" lautet das Zitat.

Ich mache gar keinen Hehl draus: Mein Selbstbewusstsein leidet. Ich traue mich schon kaum mehr in die Gesichter der Runde zu blicken, ich höre die Kinnladen der offenen Münder auf den ovalen Eichentisch fallen und spüre, wie die Kirchengemeinderäte kollektiv die Köpfe schütteln. Doch ich muss so weit ausholen, wenn ich meine Dramaturgie richtig aufbauen will.

„Vor diesem Hintergrund habe ich mir überlegt, dass man die Kooperation der beiden Gemeinden, die ja dieses Jahr ins Haus steht, durch eine Laufveranstaltung sichtbar und für jedermann erlebbar machen könnte." Jetzt nehme ich allen Mut zusammen und blicke in die Gesichter. Die sind gar nicht so versteinert, wie ich es mir ausgemalt habe. Ich bilde mir sogar ein, Interesse herauszulesen. Die Mienen scheinen auszudrücken: „Fahren Sie fort." Nun schnappe ich abermals nach dem Wasserglas und nippe daran. Diesmal, ohne auch nur einen Tropfen zu verschütten. Ich werde sicherer und kann meine Argumentation fortsetzen. „Es heißt doch so schön: Sport verbindet. Das gilt doch erst recht für eine Laufveranstaltung. Ich stelle mir eine Strecke vor, die beide Gemeinden verbindet. Man könnte so viele positive Signale von diesem Event aussenden: erste Schritte in Richtung einer Kooperation machen, Gemeinden gehen aufeinander zu, gemeinsame Wege gehen und so weiter."

Jetzt kommt mein großes Finale – mal sehen, ob ich zu dick auftrage. „Und schließlich habe ich auch in meiner alt-ehrwürdigen Lutherbibel etwas zum Thema Laufen gefunden.

Das könnte man in der Bewerbung oder auf Bannern heraus-stellen und hätte prompt noch einen schönen Kirchenbezug." Vernehme ich etwa ein Schmunzeln? „Allen Respekt, Frau Bachmann, Sie haben sich für Ihren Auftritt hier ausgezeichnet vorbereitet", lobt der zweite Vorsitzende des Kirchengemeinde-rats, Konrad Ernst. Und Pfarrer Seegers pflichtet ihm bei.

Also setze ich meinen fulminanten Schlussakkord: „Aber die auf den Herrn harren, kriegen neue Kraft, dass sie auffahren mit Flügeln wie Adler, dass sie laufen und nicht matt werden, dass sie wandeln und nicht müde werden." … „Jesaja 40, Vers 31", ergänze ich schnell. Und füge nahtlos das nächste Bibelzitat an: „Ich wandte mich und sah, wie es unter der Sonne zugeht, dass zum Laufen nicht hilft schnell zu sein, zum Streit hilft nicht stark sein, zur Nahrung hilft nicht geschickt sein, zum Reichtum hilft nicht klug sein; dass einer angenehm sei, dazu hilft nicht, dass er ein Ding wohl kann; sondern alles liegt an Zeit und Glück. Prediger 9, Vers 11", sage ich und schweige.

„Sehen Sie es mir nach, Frau Bachmann: Mit den Predigern habe ich manchmal so meine lieben Schwierigkeiten", gesteht Pfarrer Seegers. Er erklärt, dass es sich um Weisheiten und Rat-schläge handelt, die man − oder zumindest er − nicht immer gleich verstehen oder beherzigen könne. „Doch den Jesaja-Vers lese ich gerne, ich halte ihn für sehr ausdrucksstark. Das wäre schon eine tolle Aussage für ein Werbeplakat." Ehrlich, hat er das wirklich gesagt? Der Kirchengemeinderat verweist mich nicht des Raums, sondern ist von meiner Idee sogar halb-wegs angetan? Hey, den Effekt dieser Erleichterung könnte ich mit keiner Diät erreichen. Na ja, Diäten sind auch nicht mein Thema. Wer Sport treibt, muss sich damit nicht auch noch auseinandersetzen. Vielleicht treibt ja bald das ganze Dorf Sport − vereint im Glauben und im Lauf, das wäre doch was.

Kapitel 2

Die Gemeindereferentin

Ich bin erleichtert, aber auch erschöpft. Es ist spät geworden, im Fernsehen läuft der Abspann zu den Tagesthemen, wo ich nach lustlosem Zappen durch die Programme hängen bleibe. Die Glotze schalte ich nur aus Gewohnheit an, tatsächlich brenne ich darauf, Mark anzurufen. Ich will nach der KGR-Sitzung nichts lieber, als ihm meinen Erfolg mitteilen. Ich weiß, dass er spät zu Bett geht, also halb so wild. „Stell dir vor, sie finden die Idee gar nicht so übel", schwärme ich. Er freut sich mit mir und findet anerkennende Worte, die er schön formuliert, die mir inzwischen aber entfallen sind.

Mark arbeitet im Vertrieb eines regionalen Mineralbrunnens. Daher quittiere ich sein Lob mit den Worten, dass er vor Anerkennung und Zuneigung mal wieder nur so sprudelt. Bei anderer Gelegenheit habe ich ihm das schon mal attestiert, nämlich dass er prickelnde oder spritzige Einfälle hat. Ich finde die Wortspiele originell – Mark hört sie wahrscheinlich täglich. Er lässt sich das jedenfalls nicht anmerken, grinst pflichtschuldig, was ich selbst durch die Telefonleitung vernehmen kann. Wie sein Tag war? Mark hat einen Kunden zum Essen ausgeführt. Ich frage nicht, ob es der Grieche von gestern war. Ich bin mir ziemlich sicher, dass meinem Prinzen dann bestimmt kein erfolgreicher Geschäftsabschluss gelungen wäre.

Mir steht der Sinn jedenfalls nicht mehr nach heiß und fettig. Ich nehme mit kalten Penne al Pesto vorlieb – aus dem Kühlschrank. Geht schnell, schmeckt gut. Trotz vorgerückter Stunde habe ich noch erstaunlichen Appetit. Hungrig bin ich nun auch darauf, mir gleich mit meinem Lieblingsbleistift Notizen zur vorherigen KGR-Sitzung zu machen. Ich ziehe zum Schreiben Bleistifte Kulis vor, die bloß eine x-beliebige Bank oder Versicherung bewerben, in der Regel nach kurzer Nutzung auslaufen und böse Flecken hinterlassen.

Nachdem ich die Penne verschlungen habe, verspüre ich einen erstaunlichen Tatendrang. Es gibt unglaublich viel zu organisieren, ich weiß gar nicht, wo anfangen. Der KGR hat mit zwei Enthaltungen – das werte ich mal nicht als Ablehnung – einer Laufveranstaltung seinen grundsätzlichen Segen erteilt. Sie soll im Herbst, also in einem knappen halben Jahr, stattfinden. Wir bauen auf einen goldenen Oktober und planen das Event am zweiten Sonntag im Monat ein, das ist dann der 10. 10. – ein irgendwie magisches Datum, oder? Verbinden wollen wir das sportliche Kräftemessen mit einem Gottesdienst im Grünen, wie wir dazu sagen. Das ist ein Gottesdienst, der im Freien stattfindet und sich zum Beispiel auch für Familien eignet, das passt insgesamt zur Outdoor-Atmosphäre der ganzen Veranstaltung.

Im Prinzip heißt der KGR alles gut – wenn auch mit einer nicht ganz unwesentlichen Bedingung: Die Herrschaften wollen unter keinen Umständen drauflegen, die Kassenlage der Gemeinde sei ohnehin angespannt. „Ein Marketing-Budget billigt uns die Landeskirche leider nicht zu, Frau Bachmann", hat mir KGR-Vize Ernst erklärt. Also empfehlen sie, dass der ganze Spaß über Teilnahmegebühren und mögliche Sponsoren finanziert wird und natürlich auch der KGR in Grafenhorst zustimmt. Logisch, legt der sein Veto ein, ist die Idee eines Laufs, der beide Gemeinden symbolisch verbinden soll, eh so gut wie hinfällig.

Die Zustimmung der Grafenhorster ist nach Pfarrer Seegers' Einschätzung aber so gut wie sicher, denn der Dekan hat eine Woche nach dem Gottesdienst in Sonnhaus auch die Gemeinde in Grafenhorst darauf eingestimmt, dass sie neue Wege gehen müsse. Die Kooperation mit Sonnhaus biete sich an. Zwar beherbergt die Nachbargemeinde immerhin 3.000 Seelen und damit einige Hundert mehr als unsere. Vordergründig scheint der Leidensdruck auch weniger hoch, zumindest wurde dort keine Kürzung einer Pfarrstelle angedroht. Die Gemeinde hat aber andere Sorgen: So sind die Lücken in den verschiedenen Angeboten, wir sprechen von Gruppen und Kreisen, unübersehbar. Für die Jugend ist so gut wie nichts mehr dabei. Das zu ändern, könnte eines Tages auch zu meiner Aufgabe werden. Schließlich bin ich eingestellt worden, um genau solche Projekte und Angebote anzustoßen, im ersten Schritt freilich in Sonnhaus. Klar, die bezahlen mich ja.

So, der Bleistift wartet auf seinen Einsatz: Auf meine To-do-Liste kommen das Bewerben des Laufs – in der Presse, durch Flyer und andere Aktionen –, die Wahl eines Streckenprofils und natürlich eine halbwegs solide Kalkulation. Damit verbunden ist eine Aufstellung der Kosten und der Umsätze. Ich soll die Akquise von Teilnehmern und Sponsoren auf den Weg bringen und natürlich den ganzen technischen Schnickschnack einplanen – vom Starterbogen bis zur Zeitmessung.

Keine Bange: Ich muss nicht alles selbst machen. Pfarrer Seegers hat zwar scherzhaft gemeint: „Gute Ideen rächen sich. Da wird Ihnen in den nächsten Monaten nicht langweilig werden." Er versicherte aber, dass ich bei der Organisation – trotz der beiden Enthaltungen – auf den gesamten KGR und die Gemeinde zählen dürfe. Außerdem will er auf den Ortschaftsrat, den Gewerbering und natürlich den Sportverein Sonnhaus – mit der Abkürzung SV tue ich mich leichter – zugehen. Für deren Leichtathletik-Truppe sei die Mithilfe bei einem solchen Event mit Sicherheit ein Vergnügen, die seien doch geradezu dafür prädestiniert.

Ach ja, und dann hat der stellvertretende KGR-Vorsitzende Konrad Ernst noch angeregt, ich solle doch Kontakt zu Stern aufnehmen – das ist der ortsansässige Spediteur, der sich ebenfalls im Gewerbering engagiert. Clemens Stern ist sein Cousin und hat seine Firma wohl auf Sportlogistik spezialisiert, das könnte gegebenenfalls ein Volltreffer werden. Dort werde ich alsbald mal anklopfen. Zunächst aber unterrichten wir die Presse von unseren Plänen – zum Dornheimer Anzeiger, der hier stark verbreiteten Regionalzeitung, haben mein Chef und der KGR demnach ein gutes Verhältnis, ich kann dazu nichts sagen. Als Neuling in der Gemeinde kenne ich die regionalen Presseleute natürlich nicht. Persönlich habe ich durch entsprechende Erfahrungen meines Exfreunds Jens aber nicht gerade die beste Meinung von Journalisten, doch davon später mehr.

Das Treffen mit der Presse kommt früher, als ich erwartet hätte. Seit der denkwürdigen KGR-Sitzung, auf der ich meine Idee vorstellte, sind gerade mal zwei Wochen ins Land gestrichen. In dieser Zeit hat Pfarrer Seegers tatsächlich schon das Go vom KGR in Grafenhorst eingeholt. Offenbar sieht die Gemeinde die mögliche Kooperation mit Sonnhaus als Chance, auch wenn der Druck dort wie geschildert weniger groß ist. In der Zwischenzeit hat mein Chef darüber hinaus schon der Gemeinde die Laufveranstaltung angekündigt. Er hat geschickt den Terminhinweis in einen Predigttext eingebaut. Ich sage nur Jesaja 40, Vers 31. Die Gemeinde erfährt also nicht erst durch die Presse von dem Event. Gut, schränken wir insofern ein, als wir diesen Informationsvorsprung auf einen Bruchteil der Schäfchen beziehen, nämlich auf die Kirchgänger. Deren Anzahl beläuft sich inzwischen – wie wohl in allen Gemeinden der Republik – auf eine überschaubare Größe.

Nun also die Presse, für das Gespräch stehen Pfarrer Seegers, KGR-Vize Ernst und meine Wenigkeit bereit. Wobei ich einen Teufel tun werde – entschuldigt, falsche Wortwahl für eine Gemeindereferentin –,das Gespräch an mich zu reißen. Beim Erstkontakt mit Journalisten gehe ich auf Nummer sicher. Glaubt mir, ich will nicht alle Worte auf die Goldwaage legen müssen oder gleich zum Gespött der Nation werden. Das ist ein Fall für Seegers und Ernst, die sind hier Profis genug.

Als die Tür des Gemeindesaals aufgeht, sehe ich erst mal nur Unmengen von Gehäusen, Objektiven und anderen Fotoutensilien– und wundere mich, warum bei Sonnenschein jemand einen Schirm trägt und den im Raum nicht mal zuklappt. Inzwischen bin ich schlauer: Es handelt sich um einen Reflexionsschirm, der die Kontraste von Blitzlicht reduzieren soll. Der Fotograf lässt es sich nicht nehmen, mir das alles umfänglich und mit sichtlichem Genuss zu erzählen. Nachdem er umständlich sein Equipment reingewuchtet hat, schiebt er sich selbst zur Tür rein. Das graue Haar ist mit reichlich Pomade nach hinten gekämmt, drei Knöpfe am Hemd sind geöffnet, um dem Brusthaar ausreichend Spiel zu lassen. Doch ehe ich mir einen Eindruck von ihm verschaffen kann, streckt er mir auch schon seine kräftige Klaue entgegen, die ich ein wenig verlegen fasse. „Jan Pesch, Dornheimer Anzeiger", sagt er und ich erwidere: „Äh, und ich heiße Marie Bachmann, ich bin für Projekte der Gemeinde zuständig, zum Beispiel im Bereich Jugend und Sport." Pesch nickt anerkennend und fragt, ob wir etwas von einem gewissen Uli Gebauer wüssten. Das sei sein junger Kollege, der sich bei der Berufsfindung wohl für den leichteren schreiberischen Part entschieden habe. Eines Tages werde die große Fotokunst mangels Interessenten noch aussterben. Ein komischer Vogel, wenn ihr mich fragt.

Der Fotograf

Klar, dass sich Gebauer im Gegensatz zu mir noch etwas zwischen die Kiemen geschoben hat. Die Schmierfinken-Fraktion kennt offenbar keinen Produktionsdruck. Jedenfalls klebten, als er deutlich nach mir im Gemeindehaus aufschlug, noch deutliche Spuren von Puderzucker an seinen Mundwinkeln. Mal sehen, wer ihm den abschlecken wird. Egal, ich jedenfalls nicht. Gute Lust hätte ich allerdings, ihn in seiner gesegneten Ahnungslosigkeit kompromittierend abzulichten. Hätte ich mir nur selbst bei Charlotte noch einen Cappuccino mit Mandelhörnchen genehmigt. Dann wäre ich nun ebenfalls eingezuckert und das Gefälle zwischen unseren Erscheinungsbildern weniger ausgeprägt.

Gut, so dramatisch war die Wartezeit auch wieder nicht, es geht mir eher ums Prinzip. Schließlich weiß ich nur zu gut, dass ich auch im Gemeindehaus immer Kaffee und Kekse angeboten bekomme. Christliche Nächstenliebe nennt sich das wohl im Jargon von Seegers und seinen weißen und schwarzen Schäfchen. Das mit der Nächstenliebe ist aber eine Mär: Denn dass sie mich wirklich in ihr Herz geschlossen haben, glauben sie wohl selbst nicht. Ich gebe mich nicht mal der Illusion hin, dass das eine meiner wechselnden Partnerinnen wirklich tut. Doch was mache ich mir überhaupt einen Kopf: Die Kirchenleute sind wohl einfach nur aufmerksam und versuchen, mir die Wartezeit bis zum Eintreffen des rastenden Reporters zu versüßen. Süß ist im Übrigen auch der Kaffee in der Keramiktasse mit dem Kreuz drauf, weil ich in Gedanken verloren viel zu viel Zucker einrühre. Mich beschäftigt, was es mit der Maus mit der Schraube im Mund auf sich hat. Welche Rolle spielt die Marien-Erscheinung bei dem heutigen Pressegespräch mit dem Dornheimer Anzeiger? Ich werde es herausfinden und versuche, sie so beiläufig zu mustern, wie es eben nur geht.

Der Pfarrer ist glücklicherweise in Zivil, das schafft Nähe. Der Talar schüchtert mich immer etwas ein. Ob es den wohl in unterschiedlichen Größen zu kaufen gibt, frage ich mich. Jan, konzentrier dich, sage ich mir. Denn Seegers, mit seinem unbändigen blonden Schopf, versucht bereits ein Gespräch mit mir in Gang zu bringen. Oh Gott, kann er nicht später predigen? Die Kirche sei in Bewegung – etwas in der Art sagt er wohl sinngemäß. Und das buchstäblich, schließlich wolle man uns heute eine Sportveranstaltung ankündigen, die im Oktober über die Bühne gehen solle.

Die Gemeinde werde sich ins Zeug legen und versuchen, zehntausend Leute dafür zu mobilisieren, ergänzt sein KGR-Kollege Konrad Ernst. Ob das sein Ernst sei, bin ich versucht zu fragen, und bin so amüsiert über meine Schlagfertigkeit, dass ich mit dem Ellenbogen gegen mein auf dem ovalen Eichentisch abgelegtes Teleobjektiv stoße. Es gleitet auf den Dielenboden, was allgemeine Anteilnahme auslöst. „Das hat schon ganz andere Situationen gemeistert", sage ich und versuche die Gemüter zu beruhigen. Keinesfalls will ich Tumulte bei den Gottesfürchtigen auslösen – jedenfalls nicht, bevor Genosse Gebauer eintrifft. Klopfen. Umständlich krame ich mein Handy hervor, doch das Geräusch kommt von der Türe – der näher liegenden Quelle. „Gestatten, Gebauer. Dornheimer Anzeiger."

Dann kommt er, der Auftritt des gepiercten Mädels. Ihr Hauchen hat sich zu einer vernehmbaren, nicht unangenehmen Stimme gesteigert. Vielleicht hatte ich mich bei Marie-Mäuschen ja auf ein Piepsen eingestellt. Ab und zu nestelt sie an ihrer Schraube, als scheine sie selbst zu zweifeln, ob diese Aufmachung im Angesicht von geistlichen Themen angebracht ist. Seegers und Ernst überlassen ihr die Gesprächsführung, was sie offenbar überrascht. Ab und an streuen sie eine Ergänzung oder eine Präzisierung ein. Und Gebauer schreibt wie immer alles mit seinem Billigkuli des regionalen Mineralbrunnens mit. Wahrscheinlich notiert er sich sogar die Frage, ob es noch etwas Kaffee sein darf.

Nachdem sich meine Grübeleien mit Blick auf die Schraubenpäpstin gelegt haben, versuche ich mich auf meine Aufgabe zu konzentrieren. Die lautet nach meinem eigenen Anspruch: Bringe die bestmöglichen Motive mit und sei immer anspruchsvoller als der durchschnittlich belichtete Redakteur mit Kamera. Okay, dazu gehört nicht viel. Die Schreiberlinge fühlen sich immer öfter dazu berufen, selbst nicht nur die Texte, sondern auch die Bilder zu liefern. Also führen sie eine Knipse mit, die für mich nur Spielzeug wäre. Klick-klack, da machen wir halt noch ein Bild, frei von jedem Gespür für gute Kulissen und Perspektiven. Dass die billigen Klein-Kaliber meist auch völlig falsch eingestellt sind, brauche ich fast nicht mehr zu erwähnen. Wen wundert es also, dass die Redakteursbildausbeute für gewöhnlich unscharf und überbelichtet ist? Doch die Blattmacher von heute haben damit keinen Stress. Was schert sie der Qualitätsanspruch der Leser? Hauptsache, billig an die

Bilder rangekommen. Wie gesagt, man muss schon besonders talentiert sein, um diese Qualität zu unterbieten.

Ich frage in die Runde, ob man für das Bild eine Verbindung zwischen Sport und Kirche herstellen kann. Seegers und Ernst blicken einander an. Maus Marie ist schneller. Donnerwetter, die reagiert vielleicht fix und geistesgegenwärtig. Ich zucke zusammen und will mich schon hinter meinem Schirm verschanzen. Ich hatte dem Mädel bei meinem Eintreffen kurz erläutern können, dass es sich nicht um einen Regen-, sondern um einen Reflexionsschirm handelt. Nun aber zu ihrem Bildvorschlag: „Ich bin eine leidenschaftliche Läuferin, also trage ich auch im normalen Leben immer Joggingschuhe", sagt sie. „Die könnte ich ausziehen und in die Kamera halten." Hat sie „ausziehen" gesagt? Hat sie das tatsächlich gesagt? Ich bin sofort einverstanden und beglückwünsche sie überschwänglich zu ihrem Einfallsreichtum. Gebauer blickt irritiert in meine Richtung, er überlegt bestimmt, ob er den Bildvorschlag mit seinem Billigstift in seinem A5-Block verewigen soll. Das wäre doch mal ein schöner Eintrag: „Marie will sich für Jan ausziehen."

Jan, beherrsch dich, mahne ich mich. „Lasst uns doch die Schuhe an den Griff der Kirchentür binden, und Sie drei gruppieren sich rechts und links daneben", schlage ich vor. Gesagt, getan, zu fünft verlassen wir den Gemeindesaal und laufen zum benachbarten Gotteshaus. Das Mädel behilft sich, indem es in ein Paar Pantoffeln schlüpft. Sie entnimmt es dem kleinen Schuhschrank im Flur des Gemeindehauses. Obendrauf steht eine Kerze mit aufgemaltem Kreuz.

Die Protagonisten sandwichen das Mädel auf meine Anweisung hin. Pardon, das war zu salopp: Sie nehmen es in ihre Mitte, genießen und lächeln. „Sagt mal alle lauthals Kirchensteuer", schlage ich vor. Stattdessen sagen sie „Spaghetti". Die Bilder sind im Kasten – für mich eine meiner leichtesten Übungen. Lächeln, Hände schütteln, schon macht sich Gebauer auf in die Redaktion. Ich verspreche ihm, am nächsten Tag zu liefern, die morgige Ausgabe ist eh schon durch. Die Kollegen von der Konkurrenz, den Neuhardter Nachrichten, waren nicht mit von der Partie, also muss sich die Redaktion bei dieser Story auch nicht sputen.

Das wird sich alles noch gewaltig ändern, aber ich will den Dingen nicht vorgreifen. Ich schwinge mich in meinen grünen MX-5 und steuere meinen Stammimbiss an. Das Verdeck meines japanischen Roadsters lasse ich noch geschlossen, auch wenn es langsam auf den Frühling zugeht. Der Gedanke an den Fahrtwind bei einer Cabrio-Fahrt löst in mir andere Assoziationen aus: „Das Mädel bringt frischen Wind – gar keine so üble Idee, das mit der Laufveranstaltung." Es sollte mit dem Teufel zugehen, wenn sich mit dem Event nicht zahlreiche Bildergalerien auf dem Online-Portal des Dornheimer Anzeigers bestreiten lassen. Nicht die schlechteste Perspektive. Es meldet sich der schnöde Mammon, doch mein Gewissen ist rein. Warum darf sich ein Not leidender Fotokünstler nicht über einen möglichen Geldsegen freuen?

Der Dornheimer Anzeiger, 05. März

Sonnhaus und Grafenhorst gehen aufeinander zu
Von Uli Gebauer
Sonnhaus – Auf die Plätze, fertig, los: Die evangelischen Kirchengemeinden in Sonnhaus und Grafenhorst planen am Sonntag, 10. Oktober, eine gemeinsame Laufveranstaltung. Zur Wahl stehen ein Halbmarathon und ein Zehn-Kilometer-Lauf. Der Zehn-Kilometer-Lauf führt von der evangelischen Kirche in Sonnhaus zur evangelischen Kirche in Grafenhorst. Beim Halbmarathon ist die Strecke auch noch retour zu absolvieren. Auf dem Rückweg sind dann noch zusätzliche Schleifen eingebaut. Die beiden Gemeinden wollen mit der Veranstaltung auf ihre Kooperation hinweisen, die sie im Lauf des Jahres in die Wege leiten werden. „Mit dieser Laufveranstaltung bringen wir zum

Ausdruck, dass wir buchstäblich aufeinander zugehen", erläutert Pfarrer Julian Seegers. „Jung und Alt, Männlein und Weiblein sind eingeladen, sich an der Veranstaltung zu beteiligen. Es geht nicht um Bestzeiten, sondern um den olympischen Gedanken und natürlich um die Symbolik, die mit diesem Lauf verbunden ist", ergänzt Marie Bachmann, die in der Kirchengemeinde für unterschiedliche Projekte, die Jugendarbeit und den Sport zuständig ist. Angesprochen fühlen dürfen sich nicht nur die Glieder der beiden Kirchengemeinden, sondern Lauffreunde aus der ganzen Republik. „Wir sind dankbar über jeden Teilnehmer, der diesen Tag mit uns verbringen und uns damit bei unseren Bemühungen in Richtung einer Kooperation zwischen den beiden Gemeinden unterstützen möchte", sagt Seegers.
Bachmann, eine passionierte Läuferin, die die Idee für die Veranstaltung hatte, fungiert als Ansprechpartnerin für die Veranstaltung und ist für die Organisation verantwortlich. Die gesamte Logistik hinter dem Projekt liegt in den Händen der ortsansässigen Spedition Stern, die sich auf Sportevents spezialisiert hat. „Bei erwarteten 10.000 Teilnehmern müssen Profis ran", erläutert der zweite Vorsitzende des Kirchengemeinderats, Konrad Ernst. Er zeigt sich zuversichtlich, diese hohe Teilnehmerzahl auch tatsächlich zu erreichen. „Wir werden alles mobilisieren, die gesamten Gemeinden werden auf den Beinen sein", verspricht Bachmann.
Ab sofort können sich Interessenten bei ihr für die Veranstaltung anmelden. Die Teilnahmegebühr beträgt 30 Euro für Einzelläufer und 25 Euro für Teilnehmer von Teams (ab drei Läufern). Der Startschuss ist um 11.00 Uhr, um 09.30 Uhr findet wie gewohnt ein Gottesdienst statt. Dieser wird jedoch ins Freie, konkret in das Fußballstadion des örtlichen Sportvereins verlegt. Weitere Informationen, etwa zur Strecke und zum genauen Ablauf, wird die Kirchengemeinde Sonnhaus in den nächsten Wochen liefern.
Dass die evangelischen Gemeinden in Sonnhaus und Grafenhorst zusammenrücken, hängt mit der Bezirksreform der Landes-

kirche zusammen. Die Bezirke werden neu zugeschnitten. In dem Zuge setzt die Kirche bei kleineren Gemeinden wie Sonnhaus den Rotstift an. Um ihre 100-prozentige Pfarrstelle zu erhalten, legt die Landeskirche der Gemeinde Sonnhaus eine Kooperation mit der zahlenmäßig größeren Gemeinde Grafenhorst ans Herz. Zwar ist Sonnhaus ein Stadtteil von Dornheim, doch die nächsten Dornheimer Stadtteile sind weiter von Sonnhaus entfernt als Grafenhorst. Für Grafenhorst, das zur Kommune Neuhardt gehört, ergeben sich durch eine solche Zusammenarbeit nach Auffassung der Landeskirche ebenfalls Chancen: Es gibt deutliche Lücken in der Kinder- und Jugendarbeit. Grafenhorst könnte diese durch die Sonnhauser Angebote schließen.

Bildunterschrift: Ab in die Laufschuhe und los: Marie Bachmann mit Pfarrer Julian Seegers (links) und seinem KGR-Vize Konrad Ernst. Foto: Jan Pesch

Kommentar

Den Problemen nicht davonlaufen
Von Frank Holter
Sport verbindet – Menschen und Gemeinden. Insofern ist die Idee der evangelischen Gemeinde Sonnhaus nachvollziehbar und vordergründig durchaus attraktiv. Sie will nicht weniger als eine Laufveranstaltung auf die Beine stellen, die von der dortigen Kirche zum Gotteshaus im benachbarten Grafenhorst führt. Symbolik pur – denn die Gemeinden werden sich auch im übertragenen Sinne im Lauf des Jahres aufeinander zubewegen. Angedacht ist eine enge kirchliche Kooperation. Sie ist der schlechten Kassenlage geschuldet. Die Landeskirche hat sonst mit Konsequenzen gedroht. Zu befürchten ist etwa, dass die volle Pfarrstelle in Sonnhaus auf eine Teilzeitstelle reduziert wird. Doch warum sich einschüchtern lassen? Was verbindet die beiden Gemeinden schon miteinander? Sonnhaus gehört zu

Dornheim, Grafenhorst zu Neuhardt. Eine kleine Gemeinde, die von Jahr zu Jahr Glieder und damit auch Kirchgänger sowie Besucher von kirchlichen Kreisen verliert, sollte sich an die Gemeinden der eigenen Stadt wenden. Sie tut sich und ihren Schäflein keinen Gefallen, wenn sie ihr Seelenheil in der Verschmelzung mit einer Gemeinde einer anderen Kommune sucht, mit der es auch sonst keine Gemeinsamkeiten gibt. Da mag eine Laufveranstaltung schön und gut sein. Ihren eklatanten Problemen – den vielen Kirchenaustritten und der damit verbundenen schlechten Kassenlage – kann die Gemeinde in Sonnhaus damit aber sicherlich nicht davonlaufen.

Der Fotograf

Batsch, das hat gesessen. Auweia, werden mein Mäuschen und die anderen Schäfchen in Sonnhaus beim Lesen dieses Elaborats in Tränen ausbrechen? Ob sie sich von ihrem Ansinnen abbringen lassen oder es infrage stellen? Na ja, ihr kennt mich ja, ich würde Marie Marathon schon Trost spenden. Es steht aber zu befürchten, dass sie zum Ausheulen die Schulter ihres Freundes vorziehen wird. Dass sie ohne Kerl ist, kann ich mir jedenfalls nicht vorstellen.

Apropos Kerle: Wie stark stehen Seegers und sein KGR tatsächlich hinter ihrem Gemeindelauf und vor allem hinter der Kooperation? So wie ich es überblicke, haben sie wohl keine andere Wahl, als mit Grafenhorst gemeinsame Sache zu machen. Denn was Holter eigentlich besser wissen müsste: Die Kirchengemeinden in den anderen Dornheimer Stadtteilen kommen für Sonnhaus wohl nicht ernsthaft für eine Zusammenarbeit infrage. Allein schon wegen der langen Wege: Sie sind noch weiter als Grafenhorst von Sonnhaus entfernt. Nach Grafenhorst sind es zwar auch schon zehn Kilometer, im Grunde ist das aber ein Katzensprung. So wie Maus Marie vom Jogging schwärmt, läuft sie das wahrscheinlich in einer halben Stunde.

Und auch das stärkere Argument hat Holter geflissentlich in seinem Kommentar unterschlagen: Die anderen Dornheimer Stadtteile haben noch weniger Schäflein als Sonnhaus und teilen sich heute schon Pfarrstellen. Wem wäre damit geholfen, wenn sich Schwache zu Schwachen gesellen? Eine schwache Gemeinde braucht eine starke und umgekehrt. Es schien Holter wohl einfach ein Bedürfnis zu sein, Porzellan zu zerdeppern. Wer weiß, was ihm über die Leber gelaufen ist, vielleicht wollte er sich am Leser abreagieren?

Oder aber, und das sage ich euch nur hinter vorgehaltener Hand: Holter muss mal wieder als Ringhaus' Marionette herhalten. Man muss doch nur eins und eins zusammenzählen: Der Verleger sieht seine Felle davonschwimmen. In der Nachbarstadt Neuhardt, wozu Grafenhorst bekanntlich zählt, kann er seit Jahren gegen die Neuhardter Nachrichten keinen Stich machen. Also hat er den geordneten Rückzug angetreten und fast alle Vertriebsaktivitäten dort gestoppt. Ich wüsste jedenfalls nicht, dass es den Dornheimer Anzeiger noch in irgendeinem Grafenhorster Laden zu kaufen gibt.

Also wird Ringhaus daraus seine Schlüsse gezogen haben und künftig keine Abenteuer mehr im Feindesland eingehen wollen. Und was für ihn gilt, gilt erst recht für die Sonnhäuser Kirchengemeinde: Die soll sich nicht vom Dekan dazu aufhetzen lassen, mit Grafenhorst zu paktieren. Es könnte ja sein, dass die Gemeindeglieder im Fall einer Kooperation in Versuchung geraten, von der verbotenen Frucht zu essen, sprich: interessehalber auch mal die Neuhardter Nachrichten in die Hand nehmen. Denn wenn ihr mich fragt: Die können sich mit Ringhaus' Postille problemlos messen, davon abgesehen, dass ein Ringhaus einem smarten Verleger wie Martin Bärik nicht das Wasser reichen kann. Also soll alles bleiben, wie es ist. Die Auflage von Ringhaus' Printobjekt mag zwar bröckeln, in Sonnhaus ist der Dornheimer Anzeiger aber weiterhin eine Macht.

Holter wird mit seinem Beitrag den einen oder anderen Leser sicherlich vor den Kopf stoßen. Und Marie Kirchenmaus wird wahrscheinlich eine Träne nach der anderen vergießen. Trotzdem muss ich sagen: Freunde, journalistisch ist das alles fair. Der Bericht von Gebauer liest sich sachlich und objektiv, das wird niemand bestreiten wollen. Der Meinungsbeitrag von Holter ist dagegen als Kommentar gekennzeichnet – also alles sauber. Mögen die Schreiberlinge auch zu spät zu Terminen kommen, Puderzucker um den Mund haben oder sonderbar auftreten, so haben sie doch einen Auftrag – nämlich zur Information und Meinungsbildung beizutragen. Bitte, das ist geschehen. Wer mir nicht glaubt, schaut einfach im Grundgesetz nach. Ihr werdet schon mal davon gehört haben.

Die Gemeindereferentin

Sag mal, geht's noch? Wie fies ist das denn? Ich kuschele mich in Marks Arme und bin dankbar, dass er heute Abend zu Hause ist. Den Dornheimer Anzeiger habe ich ihm mitgebracht. Gebauers Bericht verschlingt er und zwinkert mir dabei zu, beim Kommentar runzelt er die Stirn und seine Miene verfinstert sich. „Wie sind die denn drauf?", fragt er. „Das hast du nicht verdient, lass dich drücken, mein Schatz."

Ich bin vorbelastet und entsprechend skeptisch beim Umgang mit Presseleuten. Wie kann man zunächst Interesse vorgaukeln und einen dann so in die Pfanne hauen? Das will in meinen Kopf nicht rein. Falscher kann man kaum spielen. Kaum aus der Dusche raus, stürme ich heute Morgen zum Kiosk, das dem hiesigen Buchlanden angeschlossen ist, um mir die Zeitung zu holen. Beim benachbarten Café Gründler nehme ich gleich noch zwei Vollkornbrötchen mit. Ich will freudig in den Tag starten und beim Frühstück den Bericht über den Gemeindelauf genießen. Doch statt die Semmeln zu verspeisen, schleudere ich sie gegen die Wand. Dort kollidieren sie mit einem Zypressenstamm – na ja, nur mit einem auf einem Foto aus der Toskana. Ich liebe diesen Landstrich und die Leute dort. Nur: Laufen kann man dort kaum. Zu groß ist mein Respekt vor den vielen Hunden und den seltsamen Tierchen, die sich am Boden schlängeln.

Ich hatte ein gutes Gefühl, sage ich meinem Freund. „Der Gebauer war vielleicht nicht von der hellsten Sorte und hat ohne Punkt und Komma mitgeschrieben. Doch er hatte einen Kuli deiner Firma dabei, darin habe ich ein Zeichen gesehen – einer von uns, der es gut mit uns meint." Mark entgegnet, dass der Bericht doch auch in Ordnung sei. „Schau, die Zeitungsleute haben dich sogar zitiert – und im Bild kommst du auch hübsch rüber", schmeichelt er. Nur der Kommentar, der sei unterirdisch. „Am besten du vergisst ihn gleich wieder." Auf dem Bild sähe ich verführerisch aus, sagt Mark und nähert sich meinen Lippen. Ich genieße die Zärtlichkeiten und bin schon wieder etwas besänftigt.

Besänftigt haben mich auch Pfarrer Seegers und seine Assistentin, Conny Lang. Ich habe sie angetroffen, als ich heute Morgen mit feuchten Augen und hochrotem Gesicht den Schutz des Pfarrbüros gesucht habe. „Machen Sie sich keinen Kopf – so sind die", sagte Pfarrer Seegers. Und Conny Lang deutete an, dass das gegebenenfalls gar nichts mit unserem Projekt zu tun habe. Verleger Ringhaus sei bekannt dafür, sein Medium für eigene Schlachten zu missbrauchen, die man nicht zwingend durchschauen und in die man sich auch nicht verwickeln lassen müsse. Bei der Gelegenheit ermunterten sie mich, mit den Vorbereitungen auf das Großprojekt zu beginnen. „Laufen Sie sich ruhig schon mal warm", sagte mein Chef und versuchte damit wohl, halbwegs im Bild zu bleiben. Sie freuten sich schon auf meine Fortschritte und meine hoffentlich regelmäßigen Statusmeldungen. Ich dürfe immer auf sie zählen.

Mit Freude registriere ich, dass Pfarrer Seegers mit Blick auf die Lauf-Mission schon einiges in Angriff genommen hat. Er hat sowohl den Ortschaftsrat als auch den Gewerbering über unser Vorhaben informiert und die Logistik des Projekts in die Hände von Konrad Ernsts Cousin Clemens Stern gelegt.

Prima ist auch, dass sich mein Chef mit dem SV Sonnhaus aus-
getauscht hat, der das Projekt ebenfalls anschieben will. Pfarrer
Seegers schätzt den SV-Vorsitzenden Jochen Streck als offen
für solche Dinge ein, nun gilt es noch Gerlinde Frohmut, die
Leichtathletik-Chefin, zu überzeugen. Doch warum sollten
Sportfreunde nicht an einem Strang ziehen? Hier lasse ich mir
jedenfalls keine grauen Haare wachsen. Die ersten wichtigen
Schritte sind getan. Ich bin etwas beruhigter und verdränge
den Kommentar des Lokalchefs beim Dornheimer Anzeiger.
Trotzdem verlangt es mich nach Wärme und Geborgenheit.
Ich übernachte bei Mark und kuschele mich eng an ihn.

Kapitel 3

Die Projektleiterin

Ich heiße Sonja Zittler, bin 42 Jahre alt, verheiratet und habe Zwillinge. Meine Jungs besuchen die fünfte Klasse der Realschule. Ich trage ein Zahn-Provisorium und leide unter einer Hühnchen-Phobie. Ich muss Ihnen das mitteilen, denn beides beeinflusst mein Handeln, hängt aber nicht unbedingt miteinander zusammen. Obwohl: Wer weiß, ob ich mir nicht vor Jahren, als ich dem Geflügel-Laster noch huldigte, an einer Hähnchen-Keule die Backenzähne ausgebissen habe? Jedenfalls sind sie, also zwei dieser Kameraden, seit voriger Woche draußen und ich trage ein Provisorium. Das fliegt mir bei jeder Gelegenheit raus. Es bleibt also nicht aus, dass ich mich bei der Arbeit in die Toilette verkrümeln muss, um mit reichlich Zahncreme das Ganze wieder auf den Kiefer zu drücken. Bis sich der Spaß von Neuem löst, zum Beispiel beim Mittagessen mit den Kollegen in der Kantine.

Dass mein Arbeitgeber sich den Luxus einer eigenen Kantine leistet, bringt mir aber nicht wirklich etwas. Wie gesagt, ich habe Kinder – Denis und Louis sind elf Jahre alt und voriges Jahr haben sie der Grundschule Adieu gesagt. Sie dürfen mir glauben, dass man mit Kids rund um die Uhr beschäftigt ist. Vor einigen Tagen erst war die halbe Schule in Alarmbereitschaft, weil irgend so ein Perverser mit Feldstecher im Gebüsch neben dem Schulweg gesehen wurde. Zwei oder drei Schüler haben das auch gleich brav den Lehrern gemeldet, die Polizei hat aber niemanden entdecken können. Ich will damit nur zum Ausdruck bringen, dass man als Mutter nicht nur schauen muss, dass die Jungs ihre Hausaufgaben machen, sondern auch ständig auf alle Eventualitäten eingestellt sein muss.

Doch wem sage ich das? Fakt ist, dass das meine Arbeit erheblich erschwert. Immer um zwölf den Hörer auf die Gabel zu knallen oder die Computer-Maus in ihre Ausgangsposition zurückzuschieben – nur um pünktlich zum Mittagessen beim Nachwuchs zu Hause zu sein – das setzt mich schon unter Druck. Zu normalen Zeiten lässt sich das halbwegs unter einen Hut bringen. Doch eine Spedition kennt eigentlich keine normalen Zeiten, und entsprechend oft komme ich ins Rotieren. Wenn ich dann noch am Grillhähnchen-Stand vorbei in den Supermarkt flitze, um das Nötigste für das Mittagessen zu besorgen, gibt mir das den Rest. Dann bin ich restlos erledigt, wenn Denis und Louis losschnattern und von ihren Erlebnissen in der Schule berichten. Ihr Papa bekommt davon nichts mit, er kommt meist spät nach Hause.

Gott, ich will das gar nicht näher vertiefen, dann verliere ich mich in Details, rede zu viel und lockere damit womöglich unfreiwillig mein Provisorium. Ich will aber tunlichst vermeiden, dass es gleich auf den Tisch purzelt. Der verdammte Zahnarzttermin ist erst in zwei Wochen, dann will der Doc einen neuen Anlauf unternehmen, um es zwischen den intakten restlichen Zähnen zu fixieren. Bevor meine Beißerchen dran sind, möchte ich mich aber erst mal auf meinen Arbeitgeber fixieren: Hier beschert mir jeder Tag neue Überraschungen. Das ist im Grunde in Ordnung, nix ist schlimmer als Monotonie.

Und so steht uns jetzt erneut eine jener Überraschungen ins Haus. Clemens hat mir gestern davon berichtet. Clemens Stern gehört der Laden, er ist der Sohn des seligen Firmengründers Heiner Stern. Ich würde sagen, Clemens versteht sein Geschäft. Er meckert wenig und packt lieber an. Nicht jedes neue Unterfangen gelingt, doch unterm Strich hat Clemens mehr Erfolge, als dass er auf die Nase fällt. Er versucht sauber zu bleiben und keine krummen Dinger zu drehen – für den sonntäglichen Fernseh-Tatort käme er damit wohl nicht infrage. Wichtig ist ihm vor allem das Ansehen vor Ort. Ich würde sagen, dass er sich mit seiner tadellosen Reputation hier keine Sorgen machen muss. Die kommt aber auch nicht von ungefähr: Clemens geht direkt in die Schulen, um über sein Unternehmen zu berichten. Er besucht Nachwuchsmessen, um Azubis zu finden. Und er bringt sich im örtlichen Gewerbering ein. Darin tauschen sich die Selbstständigen in Sonnhaus aus.

Wirklich Zoff gab es wohl nur einmal, als die verdutzten anderen Gewerbetreibenden realisierten, dass sie sich den Traum von ihrer geliebten Fußgängerzone in die Haare schmieren können. Die Kommune verprasste die Millionen anderweitig – indem sie ihr Gewerbegebiet erweiterte und entsprechende Straßenanschlüsse legte. Dieser Coup ging auf Clemens' Konto. Man sollte ihn mit seinen rhetorischen Künsten, gepaart mit unglaublicher Beharrlichkeit, nicht unterschätzen. Die Selbstständigen aus Dornheim und erst recht aus dem hiesigen Stadtteil Sonnhaus haben jedenfalls ganz schön dumm aus der Wäsche geschaut. Aus der Traum von den flanierenden Kunden. Stattdessen baute sich Clemens eine weitere Lagerhalle. Ziemlich clever, oder?

Eine Zeit lang gab es böses Blut, doch ich denke, dass das Quartett das längst verdaut hat. Das Ganze ist ja doch schon drei Tage her. Ach so, das Quartett, ja, wartet mal. Lasst mich kurz Luft holen und mit der Zunge abtasten, ob im Kiefer alles noch im grünen Bereich ist. Fühlt sich gut an. Also, das Quartett, das sind Corrado Morani, der den Schuhladen betreibt, Dr. Randolf Weckmann, der eine nette Mischung aus Kiosk, Buch- und Spielwarengeschäft sein Eigen nennt, sowie die Bäckereichefin Charlotte Gründler und Metzgermeister Charly Kördel.

Das nur als kleiner Einschub. Die kleine Episode zeigt, wie ich finde, anschaulich, dass mein Chef durchaus ernst zu nehmen ist. Was das Operative angeht, war sein jüngster Geniestreich der Aufbau der Sparte Sportlogistik. Hier komme ich ins Spiel: Seit wir den Bereich vor etwa drei Jahren gepusht haben, bin ich hier das berühmte Mädchen für alles. Nicht dass ich besonders athletisch wäre. Ich käme wohl kaum auf die Idee, durch ein Becken zu kraulen oder auf Brettern den Berg runterzurutschen. Doch jeder, wie er mag.

Außerdem muss ich neidlos anerkennen, dass Sportsfreunde wohl ausgeglichener und unkomplizierter sind als unsereins. Ich glaube auch nicht, dass sie sich jemals mit Hühnchen oder Provisorien herumschlagen müssen. Außer sie haben mit ihrem Gegner provisorisch ein Hühnchen zu rupfen – ich weiß, doofer Kalauer. Fakt ist, dass Sportler oder Agenturen, die sich auf Sportevents fokussieren, als Kunden wesentlich angenehmer sind als die übliche Einkäuferfraktion, mit der sich meine Kollegen herumschlagen müssen. Ihr einziger Sport sind die Zahlen.

Die Devise: Hauptsache billig. Ja, is' so. Der berühmte geile Geiz. Für alles zahlt der oft strapazierte Otto Normalo. Er futtert argentinisches Rind und schlürft Wasser, das durch Vulkangestein in Malaysia gesickert ist – und was er sonst noch alles konsumiert, will ich mir gar nicht ausmalen. Hier spielt Geld keine Rolle. Aber dass die Ware auch irgendwie nach Deutschland und in die Läden oder Online-Shops kommen muss, ist den Leuten völlig schnuppe. Jedenfalls ist ihnen der Transport keinen Cent wert. Und leider unternimmt unser Gewerbe auch keinen Versuch, das zu ändern. Erhöht einer die Preise, kommt der findige Nachbar, der seine Dienste für die Hälfte anbietet. Er will nicht wahrhaben, dass er sich damit selbst das Wasser abgräbt, weil er mit diesem Frachtniveau nicht klarkommen kann.

Kurzum: Transport allein macht keinen glücklich. Oder in Anlehnung an einen Bibelspruch: Der Spediteur lebt nicht vom Transport allein – das hat Clemens Stern glücklicherweise früh erkannt. Klar haben wir immer noch eine eigene Flotte. Die Lkws sind recht neu – und ihr habt sie bestimmt mit ihrem auffälligen blauen Stern auf roter Plane schon mal auf der Autobahn neben euch fahren gesehen. Daneben prangen in Großbuchstaben untereinander die beiden Worte „Stern Spedition". Nicht alle Lkws, die ihr seht, gehören auch tatsächlich uns. Denn inzwischen kaufen wir auch bei Subunternehmern Transportleistungen ein, die dann mit unserem Erscheinungsbild vorfahren.

Mit diesem Mix aus eigenen und fremden Einheiten fahren wir gut. Und noch besser fährt die Stern-Spedition, weil sie ihr Portfolio um immer anspruchsvollere Aufgaben ergänzt hat. Ich nenne nur mal die Stichworte Lagerhaltung – in Sonnhaus betreiben wir vier Läger – und Logistik. In diesen Bereichen ist der Preisdruck nicht ganz so groß und der Kunde zusätzlich eher bereit, sich längerfristig an einen zu binden. Ich will hier nicht den Fachidioten spielen und euch nicht mit lästigen Details langweilen, aber so versteht ihr unser Geschäft etwas besser. Denn machen wir uns nichts vor: Die meisten verbinden Spedition doch nur mit lästigen Lkws, die Lärm und Staus verursachen. Und sorry, das kann ich so nicht stehen lassen.

Kommen wir also zur Sportlogistik – eine schöne Nische, in der nicht jeder reingrätschen und einem das Geschäft vermasseln kann, wie er will. Hier haben wir uns inzwischen einen Namen gemacht. Im vergangenen Jahr haben wir in Hofburg das Landesturnfest organisiert. Das war vielleicht ein Kraftakt: Vom Barren bis hin zur Hüpfburg für das begleitende Familienfest haben wir alles eingelagert und fristgerecht – wir sprechen von *just in time* – an seinen Ort gebracht, meist in irgendwelche Sporthallen oder Stadien.

Überlegt mal, welchen Image-Gewinn das erst für uns bedeutete – überall war unser Stern-Logo zu sehen. Sogar in den Fernsehnachrichten – zur Eröffnungsfeier hat Clemens die Fahrzeuge clever postiert. Meist ist man froh, wenn die Fahrzeuge nirgendwo in der Zeitung oder im Fernsehen in Erscheinung treten, oft genug geschieht dies in Zusammenhang mit Staus oder Unfällen. Und das bedeutet – klarer Fall – einen Image-Schaden. Man muss gar nicht direkt in sie verwickelt sein. Es reicht, dass der Lkw drei Fahrzeuge hinter dem Unfallauto steht. Und schon heißt es: Sieh mal einer an, wieder einmal der Stern mit seinen Bruchpiloten.

Ich glaube nicht, dass wir das Turnfest noch toppen können, doch das nächste Event kommt bestimmt – das habe ich vorhin mit der neuesten Überraschung gemeint, von der Clemens berichtet hat. Überrascht war ich vor allem, als ich hörte, wer hinter dem nächsten Sportevent steht, das wir stemmen: die evangelische Kirchengemeinde. Pfarrer Seegers will offenbar eine Laufveranstaltung ins Leben rufen. Was sagt man dazu? So viel Bewegung hätte ich der Kirche gar nicht zugetraut, ich finde die Idee ziemlich cool. Clemens' Cousin sitzt im Kirchengemeinderat, da liegt es auf der Hand, dass wir beim Support einspringen. Natürlich können wir das nicht gegen ein „Vergelt's Gott" leisten, aber das wird dem Pfarrer klar sein. Wir wollen ja auch etwas daran verdienen.

Jetzt habe ich definitiv genug geredet, ihr wisst, dass meine Kids mich erwarten. Noch bleibt ja genug Luft bis zum Termin. Aber das eine oder andere haben wir schon veranlasst. Unser IT-Nerd Gert Roiler hat bereits eine Anmeldemaske programmiert und ans Design der Kirchengemeinde angepasst. Und haltet euch fest: Die ersten Anmeldungen sind auch schon eingegangen, kurioserweise fast nur Läufer von auswärts. Es scheint sich aus-zuzahlen, dass das Mädel, das in der Gemeinde den Lauf ko-ordiniert, Kontakt mit Fachmedien aufgenommen hat – zum Beispiel mit Kirchenzeitungen und Laufmagazinen, die nun ihrerseits für die Veranstaltung die Werbetrommel rühren. Ja, unser Nerd kriegt mehr gebacken, als man denkt – oder sollte ich eher sagen: gebraten? Roiler habe ich den Spitznamen Broiler verpasst. Für mich heißt es bei diesem Stichwort aber: Hähnchenalarm, nix wie weg.

Der Fotograf

Was ist nur mit Charlotte los? Die ist ja in ihrem Redefluss kaum zu bremsen. Na ja, wahrscheinlich sind die Zeiten längst vorbei, als es ihr bei meinem Anblick die Sprache verschlagen hat. Ich würde mich noch immer als ansehnlich beschreiben, doch für Charlottes junge Bäckersbräute komme ich wohl wie die Semmeln vom Vortag daher – aufgedunsen und ungenießbar, und das Ganze zum halben Preis. Hey, Mädels, täuscht euch nicht. Im Grunde bin ich voll im Saft, in der Blüte meiner Kräfte. Stellt euch mich als Berliner vor, beißt rein und genießt das spritzige Vergnügen.

Was wollte ich eigentlich sagen? In letzter Zeit verzettle ich mich so häufig. Nein, das will ich jetzt nicht Marie Marathon anlasten. Doch ich muss gestehen: Meine Anspannung beziehungsweise fehlende Konzentration hängt tatsächlich auch mit ihr zusammen, und Charlottes Redefluss letztlich auch. Sie berichtet mir, dass sich die Eingeborenen wie Wilde verhalten. Sie stürmen die Geschäfte, als gebe es kein Morgen mehr. „Charlotte, mein Täubchen, was willst du mehr? – Freu dich doch!“, sage ich.

Sie entgegnet, ich verstehe das nicht. Die würden die Ladenbesitzer mit Gutscheinen fluten. Erneut kann ich ihr nicht folgen. Ich habe doch auch so ein dämliches Gutscheinheft: Kauf tausend Zuckerbäckertörtchen und erhalte als Prämie Charlotte für Tausendundeine Nacht. Stopp Jan, sag das jetzt bloß nicht und düpiere nun nicht auch noch deine süße Muse und Seelenklempnerin. Ich kann mich gerade noch bremsen und sage: „Wieso, Charlotte, von eurer Bäckerei habe ich doch auch ein Stempelkärtchen?“ Ich muss korrigieren: Als Hauptpreis nach zehn Einkäufen gibt es dann einen Laib Brot meiner Wahl.

„Du verstehst immer noch nicht.“ Nein, es gehe nicht um ein Dinkelbrot oder ein geschnittenes Saatenlaibchen. Es gehe um richtig viel Geld. 30 Euro pro Person. „Damit können meine Kunden richtig abräumen.“ Etwa wie beim Glücksrad? Ich nehme 100 Milchbrötchen, 20 Schokocroissants und zwölf Marzipan-Mandarinen-Torten? Genau so, sagt Charlotte. Mit der Folge, dass sie ihre Mengen überhaupt nicht mehr kalkulieren könne und Gefahr laufe, den Laden abends vorzeitig dichtmachen zu müssen. „Das heißt also, es läuft wie geschnitten Brot“ – diesen Kommentar kann ich mir doch nicht verkneifen.

Und wie es läuft! Es läuft dank einer cleveren Geschäftsidee – und nun ratet mal von wem! – Richtig, von Marie Bachmann. Ja, schon wieder dreht sich alles um das Mädel mit der Schraube. Mein Respekt vor dem jungen Ding steigt. Charlotte berichtet mir also, dass das Mäuschen dem Gewerbering das verwegene Angebot mit den Gutscheinen gemacht habe. Jeder, der drei Teilnehmer für den Lauf akquiriert und meldet, erhält im Pfarramt ein Dankeschön in Form eines Gutscheins über 30 Euro. Den darf er bei einem der vier Fachgeschäfte in Sonnhaus einlösen – wahlweise also Wellness-Studio, Thai-Massage, Ein-Euro-Laden oder Second-Hand-Geschäft. Reingefallen, richtig sind natürlich: Schuhladen Morani, Buchhaus Dr. Weckmann, Metzger Kördel und die Backstube Gründler, da wären wir wieder bei Charlotte.

Die Gewerbetreibenden sehen förmlich die Dollarzeichen in ihren Augen und sagen spontan zu, bei einer solchen Aktion mitzumachen. Zumal sie das Ganze nicht mal einen Cent kostet. Jeder Selbstständige kann sich den finanziellen Schaden durch die Gutscheine hinterher von der Kirchengemeinde erstatten lassen. Wer also nach Vorlage eines Gutscheins oder mehrerer Gutscheine Bücher – wie im Fall von Dr. Weckmann – oder Schuhe – wie bei Morani – rausrücken muss, erhält die entsprechende Kohle danach von Conny Lang, der Assistentin von Pfarrer Seegers. Ein Loch in die ohnehin klamme Kirchenkasse wird damit nicht gerissen: Die Kosten für den finanziellen Ausgleich der Einzelhändler sind von vornherein Teil der Kalkulation. Diese Lücke muss durch Sponsoren und andere Einnahmen geschlossen werden. Insofern droht hier keine böse Überraschung.

Die Gewerbetreibenden können bei der Aktion doch nur gewinnen. Sie verbuchen Umsätze wie noch nie, auch wenn Charlotte mir den Eindruck vermitteln will, der Ansturm beschere ihr nur Ärger. Vielleicht entschädigen die Gutscheine die Ladenbetreiber nun dafür, dass sie vor Jahren keine Fußgängerzone bekommen haben. Sie hatten gehofft, dass diese ihre Geschäfte beleben würde. Doch Spediteur Stern hatte ihnen einen Strich durch die Rechnung gemacht. Zur Überraschung der Einzelhändler stimmte der Gemeinderat gegen die Fußgängerzone und für ein vergrößertes Gewerbegebiet. Darauf baute Stern dann eine neue Logistikhalle. Sein Einfluss ist wohl nicht zu unterschätzen. Die Gutscheine als Prämie für das Mobilisieren von Läufern sind nun also der Fußgängerzonen-Ersatz. Sie spülen den ortsansässigen Geschäften Kunden in riesigen Mengen in die Geschäfte, als wäre Weihnachten und Schlussverkauf auf einmal. Kurzum: clever. Nun weiß ich also auch, was mit Charlotte los ist. Jetzt habe ich mir meinen Cappuccino mit Mandelhörnchen redlich verdient.

Die Gemeindereferentin

Hey, wie ich dieses Lied liebe – vor allem passt es ideal zum Laufen. „You 're my river running high, run deep, run wild: I follow, I follow you." Und wie gern ich mir Lykke Li auf meinem iPod reinziehe. Wenn ich mir den Laufdress überziehe, gibt es für mich zurzeit nichts Cooleres auf die Ohren. „Lauf tief, lauf wild" – das muss ich mir nicht zweimal sagen lassen. Nach der Jungschar habe ich mich zu Hause gleich umgezogen und bin rausgeeilt, um meine Runden zu drehen.

In den nächsten Wochen werde ich dazu mein Handy mit der Lauf-App mitnehmen müssen. Sie zeichnet mir alle wichtigen Angaben zur Strecke minutiös auf. Dieses Werkzeug wird mir in nächster Zeit gute Dienste leisten. Noch immer wartet nämlich die ehrenvolle Aufgabe auf mich, ein schönes Streckenprofil für den Gemeindelauf auszuwählen. Fix sind nur der Start- und der Endpunkt sowie die Distanz, alles dazwischen werde ich so hübsch wie möglich gestalten.

Mal sehen, welche landschaftlichen oder gar kulturellen Reize sich einbauen lassen. Inzwischen wage ich mich an diese Aufgabe ran, denn nun bin ich mit der Umgebung halbwegs vertraut. Was mir ebenfalls zugutekommt: Ich muss keinen Schweinehund überwinden, um mich in Bewegung zu setzen. Ganz im Gegenteil: Was gibt es Schöneres, als mein neues Umfeld läuferisch zu erkunden – morgens wie abends, egal zu welcher Jahreszeit.

Gerade der Frühling hat seinen ganz besonderen Charme. Er ist nun endgültig angebrochen. Was für eine Wonne, zu beobachten und zu genießen, wie die Natur aus ihrem Schlaf erwacht und ihr malerisches Farbenspiel einsetzt! Auf den Wiesen grasen bereits friedlich die Schafe. Ihnen schaue ich bereits seit Tagen zu. Daher habe ich heute für meine Jungschar-Kids das Gleichnis vom verlorenen Schaf ausgewählt. „Freut euch mit mir, ich habe mein Schaf wiedergefunden, das verloren war", erzählt der Hirte glücklich seinen Freunden und Nachbarn, berichtet der Evangelist Lukas. Gott freut sich also mehr über einen Sünder, der umkehrt, als über 99 Gerechte, die nicht umkehren.

Das alles geht mir beim Laufen durch den Kopf – als ich buchstäblich über Gott und die Welt nachdenke. Ich drücke auf die Repeat-Taste, weil ich merke, wie Lykke Lis Zeilen nicht nur eine Liebesbekundung darstellen, sondern meinen Glauben an Gott widerspiegeln: Er ist mein Fluss, der aufwärtsläuft. Lauf tief, lauf wild. Ich folge dir. „I follow" – wie gut das Lied zu allem passt – auch wenn mich die schwedische Sängerin, die nahezu genauso alt ist wie ich, für meine Interpretation womöglich verprügeln würde.

Seit dem überflüssigen Kommentar in der Tageszeitung sind mehrere Wochen vergangen, letztlich hat er das Projekt nicht ausbremsen können. Der Kreis der Unterstützer nimmt von Tag zu Tag zu. Klasse ist auch, dass das örtliche Gewerbe mitzieht. Wer hätte gedacht, dass eine Spedition mir bei der Organisation eines Sportevents so tüchtig unter die Arme greifen kann? Ich war halbwegs geplättet, als ich mich neulich mit der dortigen Projektleiterin Sonja Zittler getroffen habe und sie mir berichtet hat, was sie bisher veranlasst hat. Ich muss gestehen, dass ich der Branche dieses Know-how nicht zugetraut hätte. Andererseits hat die Projektleiterin schon recht: Für Logistikunternehmen, die Bücher und CDs über Nacht zum Kunden bringen können, ist es eine leichte Übung, Sportausrüstung zu lagern und pünktlich bereitzustellen.

Ich habe keine Zweifel, dass Clemens Stern mit seinen markanten roten Lastern Torbogen oder Getränkekisten an den Start befördern kann. Aber dass sein Team bereits eine Anmeldemaske programmiert hat, finde ich beachtlich. Schade nur, dass noch so gut wie keine Anmeldungen aus Sonnhaus eingegangen sind. Ich sollte mich dazu dringend mit dem SV austauschen, der sich eigentlich darum kümmern wollte, die ortsansässige Szene zu mobilisieren.

Zum Part der Spedition gehört ferner, dass sie sämtliches Equipment für uns einlagern wird, sich gegebenenfalls auch um Finisher-Shirts kümmert und sich auf die Suche nach einem Partner für die Zeitmessung macht. Das ist schon der Hammer, oder? Genauso ein Hammer ist wohl die sehr spezielle Madame Zittler. Die Storys vom Hühnchen und ihren Zähnen hätte sie mir vielleicht nicht gleich auftischen müssen.

Egal, jedenfalls kann ich voll auf Stern zählen. Genauso wie auf die anderen Gewerbetreibenden in Sonnhaus. Bester Beleg dafür: Alle Fachgeschäfte machen bei der Gutschein-Aktion mit. Für die Einwohner in Sonnhaus ist es teilweise ein richtiger Sport geworden, Leute für den Lauf zu verpflichten und dafür bei Conny Lang Gutscheine als Prämien abzuholen. Mit 30 Euro als Prämie für drei Teilnehmer lässt sich doch ordentlich was anfangen. Beim Bäcker und Metzger bekommt man damit mehr, als man mit seinem Partner verspeisen kann. Im Buchgeschäft reicht es für ein gebundenes Buch aus der Bestsellerliste und beim Schuhgeschäft – na ja, immerhin für eine Anzahlung. Wenn ich bedenke, was ich immer für meine Laufschuhe berappe, reichen die 30 Euro gerade mal für die Sohle. Und ehe ich mich versehe, ist sie schon wieder durch und ich stehe erneut im Sportgeschäft.

Doch man soll seine Rechnung nicht ohne die besonders Cleveren machen: Warum sich nur mit einem Gutschein begnügen? Nehmt doch nur Mark, meinen Freund. Der ist bereits Feuer und Flamme und hat sein komplettes Umfeld mit der Laufidee angefixt. Er hat bereits ein Team aus seiner Firma auf die Beine gestellt und seinen Chef dazu überredet, uns einige Dutzend Kästen Apfelschorle zu sponsern. Könnte mir gut vorstellen, dass wir seinen Arbeitgeber auch als Getränkepartner für unser Event einspannen. Wofür hat man denn ein Herzblatt, das für einen Mineralbrunnen arbeitet? Darauf muss ich dringend mit ihm anstoßen.

Ich glaube, etwas Zweisamkeit täte uns beiden heute Abend gut, denn ich muss Mark bei der Gelegenheit auch etwas anderes mitteilen, worauf ich mir aber noch keinen rechten Reim machen kann. Eigentlich keine große Sache, aber weiß ich, wie es bei Mark um das Thema Eifersucht bestellt ist? Jens Baldauf, mein Exfreund, hat mich während der Jungschar auf dem Handy angerufen. Wir mussten und kurz fassen, sonst hätten mir meine unbändigen Jungs und Mädels den Gemeindesaal zerlegt.

Jens wollte mir nur berichten, dass der Dornheimer Anzeiger mit ihm Kontakt aufgenommen und ihn nach seinem vermasselten Großprojekt befragt hat – ich wisse schon. Jens erwähnte, dass der Zeitungsreporter sich in Zusammenhang mit einer anderen Story wohl auch schon mit mir unterhalten hätte. Ein gewisses Unbehagen hat sich daraufhin bei mir breitgemacht. Ich weiß nicht, worauf das Blatt aus ist. Jens macht sich jedenfalls schon einen Kopf.

Zwei Worte noch zum vermasselten Großprojekt: Jens wohnt wie Mark in Meutingen, die Stadt liegt vielleicht 30 bis 40 Kilometer westlich von Dornheim, bis zu unserer Trennung vor einem halben Jahr wohnte ich bei ihm. Über das Event bin ich noch voll im Bilde, obwohl ich mir nur ungern in Erinnerung rufe. Schließlich hat es in der Folge Jens und mich auseinandergebracht. Doch eins nach dem anderen: Jens und ein Team von Freiwilligen wollten für die Stadt, in der nicht gerade der Bär steppt, eine Riesensause organisieren. Es gelang ihnen der ganz große Coup, sie überzeugten den Manager der Band „The Kids", ein Open-Air in Meutingen zu geben. Dafür verwandelte das Organisationsteam eine Ackerfläche außerhalb der Stadt in ein riesiges Freiluftgelände mit allem Drum und Dran. The Kids – für alle Teenies zurzeit der Top Act schlechthin – kamen tatsächlich, die Veranstaltung war aber in anderer Hinsicht leider ein einziger Flop: Der erhoffte Besucheransturm blieb aus, Jens und seine Kumpels verwandelten fruchtbares Ackerland in verbrannte Erde, sie sammelten reichlich Schulden und den Spott von Stadt und Presse an.

The Kids sind inzwischen nicht mehr so angesagt wie vor zwei Jahren. Ein neues Album steht kurz vor der Veröffentlichung, und der Dornheimer Anzeiger ist Jens zufolge nun dabei, für einen geplanten Artikel zur Band und ihrem neuen Projekt einige Stimmen einzufangen. Ich frage mich nur, warum man dazu die Geister der Vergangenheit rufen muss – und diesen Part nicht einer von Gebauers Kollegen aus dem Kulturressort übernimmt. Doch wie gesagt, ich habe zu wenige und auch zu zwiespältige Erfahrungen mit den Medienleuten, um mir darauf wirklich einen Reim zu machen. Mark gegenüber werde ich das alles in zwei harmlosen Sätzen verpacken. Das soll uns nicht den Abend verderben.

Kapitel 4

Der Dornheimer Anzeiger, 26. März

Von Gebhard Ulrich

Sonnhaus: Gott bewahre: Die evangelische Kirchengemeinde Sonnhaus droht in den finanziellen Ruin zu laufen – und das buchstäblich. Wie berichtet, will die Gemeinde am 10. Oktober eine Laufveranstaltung ausrichten. Anlass ist die angedachte Kooperation mit der etwas größeren evangelischen Nachbargemeinde Grafenhorst, die zu Neuhardt gehört. Die Pläne sehen vor, dass die Laufstrecke von einer Kirche zur anderen führt – was symbolisch für ein Aufeinander-Zubewegen beider Gemeinden steht.

Die Idee der jungen Gemeindereferentin Marie Bachmann, die hinter dem Projekt steht, mag pfiffig sein. Es bleiben jedoch erhebliche Zweifel, ob die Gemeinde sich nicht übernimmt und ihre Mitarbeiterin sich wortwörtlich in etwas „verrennt", das nicht kalkulierbar ist. Denn ein Laufevent mit geplanten 10.000 Teilnehmern ist nicht unbedingt die Spielwiese einer Kirchengemeinde – davon abgesehen, dass eine solche Großveranstaltung für sie eine Nummer zu groß ist. Derlei Befürchtungen hegen nach Informationen des Dornheimer Anzeiger zum Beispiel erfahrene Sportler aus der Gemeinde selbst, die ihren Namen aber nicht in der Zeitung veröffentlichen lassen wollen.

Die besagten Befürchtungen zum ungewissen finanziellen Ausgang des Projekts sind ebenfalls angebracht. Denn Referentin Bachmann ist durch eine verpatzte Großveranstaltung, die ihr damaliger Freund zu verantworten hatte, einschlägig vorbelastet. Das haben Recherchen unserer Lokalredaktion ergeben. Und es steht zu erwarten, dass sich ihr Kostenbewusstsein seitdem nicht verbessert hat. Ihr früherer Partner Jens Baldauf hatte mit einer Clique aus einigen Musikfreunden in Meutingen für Furore gesorgt, weil es ihm gelang, die US-amerikanische Rockcombo The Kids für ein Open-Air-Konzert nach Meutingen zu holen.

Für die Veranstaltung im Juni vorigen Jahres, für die ganze Felder zur Festivalfläche umfunktioniert wurden, hatten die Organisatoren rund 60.000 Besucher erwartet. Aufgrund der hohen Gage der Band hätte sich das Konzert für sie erst ab 50.000 Teilnehmern aufwärts gerechnet. Gekommen sind rund 12.000, geblieben ist ein immenses Loch im Geldbeutel von Baldauf und seinen Mitstreitern. Baldauf hätte besser daran getan, kleinere Brötchen zu backen. Vielleicht wäre ja eine lokale Stimmungskapelle die bessere und vor allem kostengünstigere Wahl gewesen. Um ihn ist es seitdem ruhig geworden – ebenso um die Band The Kids, die in den nächsten Wochen ein neues Studio-Album vorlegen will.

Die Parallelen zum Gemeindelauf sind unverkennbar. Ob die Verantwortlichen noch die Größe haben werden, alles abzublasen, ehe es zu spät ist – und sie jahrelang an den Folgen zu knabbern haben werden? Offenbar weiß das nur Gott allein.

Der Fotograf

Diese Schlappschwänze. Marie Marathon so zu demontieren und dann auch noch zu feige sein, dazu zu stehen. Wie ich darauf komme? Weil es einen Gebhard Ulrich nicht gibt, weder in der Redaktion noch unter dem Kreis der unterbezahlten freien Mitarbeiter. Dahinter verbirgt sich nichts anderes als das Pseudonym von Uli Gebauer, der mal wieder keinen Arsch in der Hose hatte. Ich verstehe bis heute nicht, warum das Volontariat die einzige Ausbildung ist, die ohne Prüfung auskommt. Hätte Gebauer eine solche ablegen müssen, wäre er mit Pauken und Trompeten durchgefallen – und zwar im

Fach „Zu seinen Geschichten stehen". Ab sofort soll er Uli Feigling heißen. Mich kann in der Journaille ja nun wirklich nichts mehr schocken, für eine gewisse Empörung reicht es aber immer noch. Warum muss man so viel Schmutzwäsche waschen und seine Macht als Meinungsmacher dazu missbrauchen?

Damit hat Ringhaus mit seinen Mannen definitiv eine Grenze überschritten. Er macht ein Mädel zum Täter, ohne dass es eine Schuld trägt. Nur weil sie mal was Neues wagen will, warum in Herrgottsnamen denn auch nicht? Wer hätte gedacht, dass ich jemals für die Kirche eine Lanze brechen würde? Aber irgendwie muss die Kirche doch auf sich aufmerksam machen. Sonst schaut dem armen Pfarrer eines Tages gar niemand mehr zu, wenn er die Stufen zur Kanzel hochsteigt. Wisst ihr, was? Die Zeitungszeilen ekeln mich an. Ich fühle mich, als hätte sich eine fiese Schimmelschicht um die Gehäuse meiner Kameras gelegt. Bin ich froh, dass ich nicht auch noch in den Verdacht gerate, irgendetwas mit der Story zu tun zu haben. Denn das dazu verwendete Archivbild vom Auftritt der Kids stammt glücklicherweise nicht von mir, also tauche ich namentlich auch nicht im Fotohinweis auf.

Ich habe quasi ein Alibi, da ich am besagten Festivalabend freihatte. Na ja, wirklich der Bringer war der Abend nicht. Ich befürchte, meine Frauenbekanntschaft an jenem Abend ist nicht der Rede wert. Wie und mit wem ich mir die freien Stunden um die Ohren geschlagen habe: Darüber legen wir besser den Mantel des Schweigens. Bevor ihr irgendwelche Spekulationen anstellt: Charlotte war es nicht, ein Abend mit der Zuckerbäckerin wäre mir definitiv süß wie der Nachgeschmack eines Vanilleplunders in Erinnerung geblieben.

In Charlottes Reich hat es mich heute gleich am frühen Morgen gezogen. Es war wohl eine Vorahnung, die mich dazu gebracht hat, das Dornheimer Hetzblatt statt in meiner Junggesellen-Wohnung in Charlottes Café-Stube aufzuschlagen. Schon nach den ersten Zeilen brauche ich einen

Cognac. Charlotte hat trotz der frühen Stunde kein Problem mit meinem Getränkewunsch. Sie hat mich immer verstanden. Sie rät mir aber, es heute ruhig angehen zu lassen und nicht zu viele Touren mit dem MX-5 zu absolvieren, ob mit oder ohne Verdeck spiele dabei keine Rolle. Sie nimmt mein wachsendes Interesse am Kirchen-Mariechen wahr und schildert mit einer kurzen Episode, wie Marie mit ihrem Projekt offenbar nicht nur offene Türen einrennt.

„Jan, die Gerlinde war heute hier", sagt sie. Gerlinde, Gerlinde – wann war ich nur mit ihr zusammen? Der Groschen fällt nicht sofort. „Nein, meines Wissens wart ihr kein Paar, du kennst sie vom Sportverein." Ich versuche, verlegen aus der Wäsche zu schauen, als sei es mir peinlich, dass sie meine Gedanken lesen kann. Aber wir beide wissen, dass ich so ticke. Ich frage, ob sie einen Gutschein einlösen wollte. „Davon kann wohl keine Rede sein", erwidert Charlotte. „Gerlinde Frohmut zahlt ihre Brötchen bar und das wird auf absehbare Zeit wohl auch so bleiben."

Die Leiterin der Leichtathletik-Abteilung beim SV Sonnhaus versucht demnach nach Kräften, den geplanten Gemeindelauf zu sabotieren. Dass ihr Vorstand Streck Pfarrer Seegers die Zusammenarbeit versprochen hat, sieht die frohgemute Gerlinde wohl recht entspannt. Sie lässt es auf eine Konfrontation mit ihm ankommen – und weiß womöglich, dass der Chef in seinem Harmoniestreben niemals die Peitsche auspacken würde. Also hat sie nichts zu befürchten. Das alles hört meine Charlottentorte heraus, als sie Gerlinde interessehalber fragt, ob sie denn auch schon emsig für den Gemeindelauf trainiere.

Frohgemuts Überzeugung lautet demnach: Die Organisation eines Sportevents ist etwas für Profis, sprich: für den SV. Dass dazu noch ein Frischling wie Marie Marathon die Idee zu der Veranstaltung hatte und sie nicht etwa aus den Reihen des Vereins kam, macht die Sache nicht leichter. Ehrenkäsig und eitel wie die frohgemute Gerlinde ist, verweigert sie mit dieser Einstellung der Kirche die Unterstützung.

Das erklärt die bislang geringen Anmeldezahlen aus Sonnhaus – man sollte den Einfluss des Vereins nicht unterschätzen. Es beantwortet auch die Frage, wer die Informanten des Dornheimer Anzeigers waren, die nicht genannt werden wollten. Igittigitt, noch mehr Schlappschwänze, sage ich mir. Wenn ihr anderen schaden wollt, dann steht gefälligst dazu. Ich habe auch kein Problem mit meiner Namensnennung, wenn einer meiner Schnappschüsse den Nase bohrenden Oberbürgermeister oder anderes kompromittierendes Zeugs zeigt. Mein Gott, was soll das nur?

Die Gemeindereferentin

Bin ich Hiob? Warum holt der Dornheimer Anzeiger zu immer neuen Hieben gegen mich aus? Sorry, Hiob: Der Vergleich hinkt. Ich habe keinen meiner Angehörigen verloren. Doch die Zeitung stellt mich ganz schön auf die Probe. Was soll überhaupt die mediale Schlammschlacht gegen mich? Wem habe ich etwas getan? Und warum ziehen die auch noch Jens mit rein? Reicht es nicht, dass die ganze Häme nach dem Open Air ihm so sehr zu Kopf gestiegen ist, dass unsere Beziehung in die Brüche ging? Mir ist völlig schleierhaft, warum uns die Zeitungsleute um jeden Preis mit Schmutz übergießen wollen.

Jedenfalls hat diese Hetzkampagne – genau, das ist die richtige Bezeichnung – mir heute die Lust am Laufen verdorben. Und das will schon was heißen. Ihr könnt euch vorstellen, wohin mich meine Wege heute geführt haben? Klar, zur Arbeit, zuerst zu Pfarrer Seegers und abends zu meinem Liebsten. Mark hat mich liebevoll empfangen, uns Nudeln gekocht und sich sehr verständnisvoll gezeigt. Der Arme kam wahrscheinlich gar nicht zu Wort, so viel hatte ich mir von der Seele zu wälzen. Mir ist schon klar, dass eine junge Liebe an solchen Geschehnissen zerbrechen kann. Jungs haben auch nicht immer Lust darauf, sich nur Probleme aufzuhalsen. Die wollen es doch oft etwas chilliger angehen lassen. Ich bin froh, dass Mark voll hinter mir steht – noch.

Jens wird dagegen ziemlich aufgebracht sein, kaum verwunderlich nach dem Angriff in der Zeitung. Während ich Marks Pastagericht genieße, hat er mir auf die Mailbox gesprochen. „Kriegen die eigentlich nie genug? Marie, ich ertrage das kein zweites Mal. Bitte ruf mich zurück, ich brauche dringend deinen Rat." Einen Namen muss er nicht hinterlassen, die Stimme ist mir ja vertraut. Mit „die" meint er zweifellos die Jungs beim Dornheimer Anzeiger, die ihn nach der Konzert-Schlappe völlig demontiert haben. Ich gelobe mir, Jens alsbald zurückzurufen. Sorry, ich hole das nach, bin ja selbst aufgewühlt und will mich erst mal mit Mark beratschlagen.

Pfarrer Seegers kann der Artikel nichts anhaben. Fast nichts, denn inzwischen kenne ich ihn gut genug, dass ich mir einbilde, ihm eine gewisse Verärgerung über den Dornheimer Anzeiger sehr wohl anzumerken. Zwar wählt er seine Worte mit Bedacht – er will auch die Redakteure nicht anschuldigen, ohne sich mit ihnen ausgetauscht zu haben. Er bildet seine Sätze aber mit ungewöhnlich langen Pausen und vielen Ähs, das deute ich als innere Unruhe. Klar, denke ich mir, es gilt nicht weniger zu beherzigen als das Bibelzitat: „Liebet eure Feinde, tut wohl denen, die euch hassen." Sorry, ich kann solche Ratschläge im Gegensatz zu meinem Chef nicht wörtlich nehmen. Ich kann meinen Ärger nicht in mich reinfressen, nur um die Fassade zu wahren. Und Pfarrer Seegers' Assistentin, Conny, die ich inzwischen duzen darf, will ihren Unmut auch nicht verbergen. Sie drückt sich unmissverständlich aus, was ich als wohltuend empfinde. „Die blöden Zeitungsärsche", ruft sie.

Wir überlegen, was zu tun ist. Pfarrer Seegers erzählt, dass er am Morgen ein Schreiben an die Chefredaktion des Dornheimer Anzeigers verfasst habe, ein freundliches, wie er sagt. Zum Glück beiße ich mir vorher auf die Lippe, als ich entgegnen will: Dieser Zusatz kommt für mich nun völlig überraschend. Marie, bremse dich! Du bist in Rage. Lass deine Wut nicht an deinem Umfeld aus. Mein Chef versichert mir, dass der KGR, er und die Gewerbetreibenden in Sonnhaus weiterhin hinter dem Lauf stehen. Die Zusammenarbeit mit Grafenhorst sei praktisch besiegelt, die jeweiligen Kirchengemeinderäte hätten sich inzwischen zwei- oder dreimal ausgetauscht. „Die sind uns gegenüber freundlich und unvoreingenommen, diese Chance sollten wir nicht verstreichen lassen." Daher hält auch die dortige Gemeinde, wie Pfarrer Seegers mir berichtet, die Laufveranstaltung für sinnvoll und sieht sie als eine Art Startschuss für die Kooperation an.

Nun holt er vernehmbar Luft, wahrscheinlich weiß er nicht, welchen Effekt er mit seiner nächsten Äußerung erzielen wird. Pfarrer Seegers versucht mal wieder mit einer schnellen Handbewegung, seinen Blondschopf zu bändigen. Dann schaut er mir geradewegs in die Augen und fragt: „Wären Sie bereit, sich einem weiteren Pressegespräch zu stellen? Nachdem ich das Spiel des Dornheimer Anzeigers nicht durchschaue und ich auch daran zweifle, dass ich eine Reaktion auf mein Schreiben bekomme, möchte ich gerne die Neuhardter Nachrichten als Medienpartner für den Gemeindelauf gewinnen."

So geschockt muss ich wohl nicht reagiert haben, zumindest fasst Pfarrer Seegers meinen Gesichtsausdruck als Zustimmung auf. Warum auch nicht? Wir sind froh um jede helfende Hand. Außerdem hat mein Chef recht: Das Konkurrenzblatt wird sich die Möglichkeit nicht entgehen lassen, auf den Zug aufzuspringen. Man denke nur an potenzielle neue Leser aus Sonnhaus. Conny, die erfolgreich mitgehört hat, ruft aus dem Nachbarbüro rüber, das seien genauso blöde Zeitungsärsche.

Das muss man eigentlich nicht weiter kommentieren, Pfarrer Seegers strebt offenbar noch ein versöhnliches Schlusswort an, indem er ihr eine weniger plastischere Ausdrucksweise ans Herz legt und vorschlägt, den Fotografen vom letzten Mal einfach mit einzuladen. „Pesch mag beim ersten Eindruck etwas speziell erscheinen, aber wir arbeiten schon lange vertrauensvoll mit ihm zusammen." Er sei mit dem Dornheimer Anzeiger auch nicht das

Sakrament der Ehe eingegangen. Über diese Formulierung muss Pfarrer Seegers selbst schmunzeln. „Okay, das kam vielleicht etwas zu gestelzt rüber." Als freischaffender Fotograf könne Pesch aber genauso gut für die Neuhardter Nachrichten Bilder schießen.

Die Neuhardter Nachrichten

Lauf als Brückenschlag
Sonnhaus/Grafenhorst, 03. April. Freizeitsportler aufgepasst: Am Sonntag, 10. Oktober, stellt die evangelische Kirchengemeinde Sonnhaus eine große Laufveranstaltung auf die Beine, deren Ziel beziehungsweise Wendepunkt in Grafenhorst sein wird. Ob Ziel oder Wendepunkt hängt davon ab, ob sich Läufer für den Zehn-Kilometer-Lauf oder den Halbmarathon entscheiden. Die Veranstalter erwarten bis zu 10.000 Teilnehmer aus der ganzen Republik. Die Veranstaltung ist ein symbolischer Brückenschlag zwischen den beiden evangelischen Gemeinden und bildet den Auftakt für eine künftige Zusammenarbeit. Einige Hundert Sportler, darunter auch zahlreiche Teams aus unterschiedlichen Kirchengemeinden in Deutschland, sind bereits registriert. Das teilt Clemens Stern mit, Chef der Stern-Spedition in Sonnhaus, der die gesamte Logistik der Großveranstaltung, inklusive Teilnehmermanagement, steuert.
Die Neuhardter Nachrichten sind der offizielle Medienpartner des Gemeindelaufs und werden deshalb in den nächsten Monaten noch kräftig dafür mobilisieren, in Form von redaktionellen Beiträgen und auch Anzeigen. Interesse an einer Teilnahme? Dann rufen Sie morgen zwischen 10 und 11 Uhr in unserer Redaktion an, die ersten 50 Anrufer erhalten ein kostenloses Starterpaket im Wert von jeweils 30 Euro.
Michael Morgenthal
Bildunterschrift: Stehen in den Startlöchern: Pfarrer Julian Seegers, seine Gemeindereferentin Marie Bachmann und Spediteur Clemens Stern. Aufnahme: Jan Pesch

Na also, geht doch. Man muss nur auf das richtige Pferd setzen, das ist fortan für mich wohl das Konkurrenzblatt. Mir soll's recht sein, die haben fotomäßig mindestens genauso viel Bedarf wie der Doofheimer Anzeiger. An die Feiglinge dort habe ich mich Gott sei Dank nicht gebunden. Ich kann tun und lassen, was ich will. Wenn ich liiert bin, dann nur mit dem weiblichen Geschlecht, aber das dürfte inzwischen rübergekommen sein. Was wäre die Frauenwelt schon ohne mich Paparazzo, der scharf ist wie seine Bilder?

Sollen nun also die Jungs aus Neuhardt künftig meine Ausbeute seitengroß abdrucken – ob Unfälle, Vereinsabende, Panoramabilder oder Nasenfotos – ich bin da sehr entspannt. Finanziell gibt sich das eh nix, bei den Hungerlöhnen, die in der Branche gezahlt werden. Na ja, für meinen Cappuccino mit Mandelhörnchen reicht es noch, so auch heute. Meine Zuckerbäckerin Charlotte ist eben die Beste.

Der Morgenthal scheint im Übrigen ein patenter Bursche zu sein, nicht so grün hinter den Ohren wie Feigling Gebauer, sondern vorbereitet, selbstbewusst und pünktlich auf einem Termin. Und noch viel wichtiger ist das, was er zu Papier bringt: Der Artikel über die Laufveranstaltung geht für mich in Ordnung, da steckt alles Wichtige drin. Die Idee mit der Verlosung von Freikarten für das Sportereignis ist clever. Das Foto kommt ebenfalls prima rüber, ich bin korrekt im Bildhinweis genannt, alles gut. Was soll ich sagen: Die Bildidee stammt wieder von meiner Maus Marie. Alle Protagonisten in Sportschuhen abzulichten, ist doch halbwegs geistreich, oder? Sie hat diesmal auch Stern zum Gespräch eingeladen. Warum auch nicht? Schließlich hat der sich mit der Lauflogistik wohl ganz schön was aufgeladen.

Ich habe Marie Marathon wohl unrecht getan und sie unterschätzt. Das unschuldige junge Ding – okay, belassen wir es bei jung – hat schon was auf dem Kasten, sich beim letzten

Gespräch wohl einfach noch zu unsicher gefühlt. Nicht dass ich mir etwas darauf einbilde: Aber das Mädel hat mich sogar gefragt, wie es mir gehe und ob es eine gute Zeit für Fotografen sei. Da seht ihr mal, welchen Eindruck ich auf sie mache. Wenn ich mich anstrenge, bekomme ich sie doch noch nach meinen Vorstellungen vor meine Linse. Wer weiß, vielleicht legt sie dann sogar ihr Sportdress für mich ab?

Ob sich das Mädel mit der Schraube und der sympathische Kerl mit der Kamera nun aber näherkommen oder nicht, bleibt abzuwarten. Eines ist nach dem Artikel aber so sicher wie das Amen in der Kirche: Ringhaus wird sich das nicht kampflos bieten lassen. Dass die Bibeltreuen den für ihn unliebsamen Lauf durchziehen wollen, ist das eine. Dass sie zu allem Übel aber noch mit seinem schärfsten Feind paktieren, wird Konsequenzen haben. Ich bin kein Prophet. Ich weiß nicht, was passieren wird. Doch ich weiß, dass etwas passieren wird. Denn das riecht förmlich nach Krieg. Wenn da mal nicht ein Gefahrenzuschlag für den Fotografen im Krisengebiet fällig wird. Es könnte schlechter für mich laufen. Vielleicht sollte ich mir eine kugelsichere Weste zulegen.

Teil II

Feuer und Flamme

Kapitel 5

Die Neuhardter Nachrichten

Hausmeister stirbt im Flammenmeer

Grafenhorst, 17. August. Ein Toter und ein Schaden in Millionenhöhe – das ist die Bilanz eines schweren Feuers am späten Samstagabend in einer Lagerhalle der Spedition Stern im Sonnhauser Gewerbegebiet. Die Polizei geht nach ersten Ermittlungen von Brandstiftung aus. Ein Sachverständiger schließt aus den Ascheresten, dass der oder die Täter mehrere Stapel Zeitungspapier in Brand steckten und durch ein eingeschlagenes Fenster der Immobilie warfen.

Bei dem Toten handelt es sich um den Hausmeister des Unternehmens, der in einem angrenzenden Zwei-Zimmer-Appartement wohnte. Die Polizei verweist auf die Obduktionsergebnisse, wonach der Mann durch den Rauch im Schlaf erstickt ist. Zum Todeszeitpunkt hatte er 1,8 Promille im Blut.

Die rund 6.000 Quadratmeter große Lagerhalle ist quasi völlig ausgebrannt. Am Samstagabend hatte die Spedition jedoch nahezu keine Waren mehr dort gelagert. Nach Angaben der Firma Stern, die rund 250 Mitarbeiter beschäftigt, handelt es sich bei der betroffenen Immobilie um das Umschlaglager für Stückgut. Das hat die Halle demnach bereits am Vortag zu einem zentralen Umschlagplatz in Nordhessen verlassen. Da sich aber noch einige leere Holzpaletten in dem Gebäude befanden, bekamen die Flammen trotzdem genügend Nahrung, um sich in Minutenschnelle ihren Weg bis zur Hausmeisterwohnung zu bahnen.

Die anrückenden Feuerwehren aus Neuhardt und Dornheim konnten ein komplettes Abbrennen der Wohnung verhindern, den 62-jährigen Hausmeister aber nur noch tot bergen. Er hinterlässt eine erwachsene Tochter, die in England lebt. Eine Mitarbeiterin des Unternehmens hat wenige Minuten nach Brandausbruch die Flammen der Feuerwehr gemeldet. Sie kommt nach Polizei-Angaben als Brandstifterin nicht infrage. Auf der Suche nach möglichen Tätern tappen die Ermittler noch im Dunkeln. Bei ihrer Arbeit konzentrieren sie sich zunächst auf eine Spur: „Wir schließen nicht aus, dass es einen Zusammenhang zu einer am 10. Oktober in Sonnhaus und Grafenhorst geplanten Laufveranstaltung gibt", sagt ein Polizeisprecher gegenüber den Neuhardter Nachrichten.

Der Grund für diese Annahme: Das Unternehmen wickelt die gesamte Logistik hinter der geplanten Großveranstaltung mit erwarteten rund 10.000 Teilnehmern ab. Die Idee, einen solchen Lauf abzuhalten, ist nach unseren Informationen in Sonnhaus umstritten. Die Neuhardter Nachrichten sind der offizielle Medienpartner der Veranstaltung.

Michael Morgenthal

Bildunterschrift: Bild der Verwüstung: Die Lagerhalle brannte bis auf die Grundmauern nieder, der Schaden geht in die Millionen. Aufnahme: Jan Pesch

Der Dornheimer Anzeiger, 17. August

Toter bei Brand im Lager

Sonnhaus – Ein Brand in einem Lagerhaus der Stern-Spedition in Sonnhaus hat ein Menschenleben gefordert und einen millionenschweren Sachschaden verursacht. Das Opfer ist der 62-jährige Hausmeister, der an den Folgen einer Rauchvergiftung starb. Die Lagerhalle brannte bis auf einige Betonpfeiler nieder. Das Feuer ist nach Polizei-Angaben die Folge von Brandstiftung. Die Feuerwehren aus Dornheim und Neuhardt konnten durch ihr frühzeitiges Eintreffen Schlimmeres verhindern. Eine Mitarbeiterin der Spedition entdeckte den Brand frühzeitig.

Foto: Polizei

Was für ein Inferno! Wäre es nicht so tragisch, würde ich vom Hähnchengrill sprechen. Das kommt dem Gestank sehr nahe. Oh Mann, den Maler hat's erwischt – unseren Dieter. Ich bin nur froh, dass er wohl überhaupt nichts davon mitbekommen hat, so dicht wie er am Samstagabend wahrscheinlich mal wieder war und allein in seiner Zwei-Zimmer-Wohnung hockte. Dieter Maler ist unser Hausmeister. Nein, das große Los hatte er wahrlich nicht im Leben gezogen, und 62 ist auch noch kein Alter, um auf einer Wolke Harfe zu spielen. Dann wäre ich ja auch in 20 Jahren fällig – will gar nicht daran denken. Seine Frau ist vor Jahren mit irgend so einem reichen Schönling durchgebrannt, zu seinem Mädel in England hat er meines Wissens seit Langem keinen Kontakt mehr. Ich frage – muss nun ja wohl „fragte" sagen – irgendwann nicht mehr nach ihr, weil ich ihn damit nicht verletzen wollte.

Seit dieser Geschichte hatte er einen Schuss. Dieter war mal Clemens' bester Disponent. Ich behaupte mal, er kennt alle Straßen der Republik. Heute ist dieses Wissen wohl nicht mehr groß vonnöten, die Zeiten haben sich geändert. Die Speditionskaufleute kommen auch ohne große Ortskenntnis klar, intelligenter Telematik – damit meine ich clevere IT-Lösungen, die Fahrern und Disponenten bei der Tourenplanung die Arbeit abnehmen – sei Dank. Clemens hat lange zu Dieter gehalten, doch Dieter machte Fehler, war zerstreut und abwesend und zu allem Übel auch noch unzuverlässig und mitunter alkoholisiert. Da konnte er es seinem Chef eigentlich hoch anrechnen, dass der ihm überhaupt noch eine Chance als Hausmeister gab, statt ihn achtkantig auf die Straße zu werfen. Als Hausmeister hatte er keine wirkliche Funktion, er lief einfach mit, wahrscheinlich wollte Clemens, dass jemand nach dem Grundstück schaut, auch am Wochenende. Hätte Dieter nur irgendjemanden gehabt, dann hätte er sich vielleicht nicht billige Rotwein-Korbflaschen zur Gesellschaft holen müssen.

Dieter hätte den Brand dann mitbekommen und das Weite suchen können. Kurzum: Er wäre noch unter uns.

Ist verdammt tragisch, so zu enden. Wer weiß, ob seine Alte oder die undankbare Göre von Tochter überhaupt mitbekommen, dass Dieter nicht mehr ist. Wäre ich nur früher von zu Hause losgefahren! Dann hätte ich die Feuerwehr eher alarmieren können und Dieter wäre vielleicht noch am Leben. Ich weiß: hätte, wäre, wenn. Bringt nix, ist völlig überflüssig. Bizarr ist das alles trotzdem: Da denkt ihr, die Alte ist völlig durchgeknallt mit ihrem Gerede von ekligen Zahn-Provisorien. Aber jetzt haltet euch mal fest: Ohne dieses Ding hätte ich heute keinen Arbeitsplatz mehr.

Glaubt ihr nicht? Am Freitagmittag hatte ich die Faxen dicke. Ständig fällt mir das blöde Teil raus. Ich habe mir Haftcreme und Reinigungstabletten wie ein faltiges Großmütterchen gekauft und gehofft: Jetzt bleibt das Provisorium mal wirklich am Oberkiefer haften. Pustekuchen, die Haftcreme war wohl auch kein Markenprodukt. Stattdessen nur Ärger: Denis hat die Haftcreme mit Zahncreme verwechselt und sich gewundert, dass sie nicht schäumt.

Da habe ich mir geschworen: Mein Glück soll nicht mehr von dem Teil im Mund abhängen. Es ist August, und seit meiner Zahn-OP Mitte Februar sind mehr als die nötigen vier Monate bis zum Einsetzen der beiden Implantate ins Land gestrichen. Mein Doc hat die Praxis noch bis September geschlossen, dann ist der Termin. Und so lange halte ich nun ohne Provisorium durch, komme, was wolle. Wie gesagt: Das war mein Masterplan am Freitagmorgen im Büro. Also habe ich das Teil in der obersten Schreibtischschublade eingeschlossen und mich beglückwünscht, dass ich endlich wieder eine freie Frau bin.

Doch wie immer bei mir und meinen guten Vorsätzen, ich breche sie schon nach einem Tag. Am Samstagabend will ich also den Hühnchenmann, pardon, den Spinnenmann Spider-Man mit meinen Jungs auf DVD anschauen und dazu Knabberzeugs futtern. Also gehe ich ins Badezimmer, um das Provisorium aus dem Glas zu nehmen und entschlossen einzusetzen. Doch oh Schreck – da macht es klingeling im Oberstübchen: Das Ding ist ja in der Spedition, in der obersten Schreibtischschublade in meinem Büro. Ja, und den Rest könnt ihr euch zusammenreimen. Auf dem Weg ins Büro sehe ich den Rauch. Das mag jetzt wenig christlich klingen, aber auf der Fahrt hoffte ich getreu dem Floriansprinzip, dass irgendein Nachbar das Opfer sein möge.

Es kommt mir wie eine Ewigkeit vor, bis die Feuerwehr eintrifft – doch natürlich sind es nur ein paar Minuten. Der Typ in der Einsatzzentrale untersagt mir strikt, mich dem Gelände zu nähern. Ich schlage seine Warnungen in den Wind. Ich will wissen, was hier vor sich geht. Ich bleibe, auch als die Feuerwehr längst da ist und ihre Schläuche ausfährt. Spider-Man mit Knabberzeugs kann ich mir also abschminken. Doch das ist an dem Abend sicherlich das kleinste Problem. Ich vergesse sogar, zu Hause Bescheid zu geben, dass die Jungs zunächst ohne mich glotzen sollen. Stattdessen rufe ich umgehend Clemens an. Ohne Blaulicht, aber nur wenig später als die Feuerwehr kommt er in seinem roten Flitzer angerast. Am Telefon hatte er noch auf einen schlechten Scherz von mir gehofft.

Und dann das Ausmaß des Schlamassels: Ihr könnt euch das nicht vorstellen! Das Schlimmste ist nicht mal der Anblick des ausgebrannten Lagers, sondern der beißende Gestank, den man nicht aus der Nase bekommt, daher auch mein Vergleich mit dem Hähnchengrill. Die Feuerwehr hat uns nach getaner Arbeit nur in Kontaminationsanzügen auf das Gelände gelassen. Das sind Ganzkörperkondome, in denen man ziemlich bescheuert aussieht, die einen aber halbwegs davor schützen sollen, irgendwie durch die Gase Schaden zu nehmen. Bis wir tatsächlich das Grundstück betreten, vergehen aber noch Stunden. Polizei, Notarzt, Kranken- und schließlich Leichenwagen, Spurensicherung – ein Fahrzeug nach dem anderen fährt vor, das volle Programm.

Der materielle Schaden ist zweitrangig und eigentlich zu vernachlässigen, das bekommen wir alles wieder geregelt – und angesichts von Dieters Tod ist das auch völlig unerheblich. Trotzdem eine kurze Erläuterung dazu: Die Halle ist unsere Umschlaghalle, die wir für unsere Sammelgutverkehre nutzen. Das Prinzip dahinter nennt sich „Hub and Spoke" – also Nabe und Speiche. Alle dem jeweiligen Netzwerk angeschlossenen Speditionen befördern ihr tagsüber bei den Kunden abgeholtes Stückgut – das sind zum Beispiel einzelne Paletten mit Katzenfutter oder Maschinen-Ersatzteile – abends zu einem Hub, also einer großen, in der Regel verkehrsgünstig gelegenen Umschlagshalle. Die liegt im Fall unseres Netzwerks namens „Network Partners" in Nordhessen, also im Herzen der Republik. Die Zentralität hat den Vorteil, dass man von dort aus fast jeden Winkel der Republik in maximal einem halben Tag per Lkw erreicht. In Nordhessen werden die ankommenden Sendungen umgeschlagen und nach Zielgebieten neu auf die Lkws verteilt. Nachts brechen die Fahrzeuge wieder zu ihren jeweiligen Speditionen auf – vollgepackt mit Sendungen aus anderen Regionen in Deutschland, die für ihr Zustellgebiet bestimmt sind. Ein solcher Verbund ermöglicht es mittelständischen Speditionen, mit den Konzernen zu konkurrieren, die flächendeckend in Deutschland vertreten sind und eigene Netzwerke unterhalten. Dank Network Partners kann also auch die Spedition Stern alle Regionen der Republik innerhalb von 24 Stunden erreichen. Ohne diesen Anschluss wäre unser Aktionsradius wesentlich kleiner.

Nachts ist unsere Umschlaghalle also so gut wie leer. Längst sind die Sendungen im hessischen Hub, wo dann Hochbetrieb herrscht. Also konnten die Flammen bei uns auch keinen größeren materiellen Schaden anrichten. Tagsüber hätten sie, keine Ahnung, wahlweise teure Spielekonsolen, DVD-Player oder Notebooks vernichtet. Dann hätten meine Kollegen aus der Schadensabteilung aber mal richtig gestöhnt. So ist also kein Frachtgut, sondern nur das Gebäude betroffen, und der

Schaden lässt sich wohl schnell beziffern – für das Lager liegen ja Baupläne, Kosten und so weiter vor. Das Gebäude wurde erst vor einigen Jahren neu errichtet, als der Gemeinderat in Dornheim für die Erweiterung des Gewerbegebiets grünes Licht gab. Nun ragen nur noch einige Pfeiler aus dem Boden, wo neulich noch das Lager stand. Wären die vielen leeren Europaletten aus Sperrholz nicht gewesen, hätte sich das Feuer vielleicht nicht ganz so schnell ausbreiten können. So aber hatte es Nahrung genug.

Was aber wirklich kurios an der ganzen Kiste ist: Wer bitte schön soll hier gezündelt haben – und vor allem warum? Denn nach Brandstiftung scheint es ja förmlich zu riechen, wie uns auch die Polizei gesagt hat. Und noch kurioser an dem Ganzen: Sollte es tatsächlich einen Zusammenhang mit dem Gemeindelauf geben, was die Presse kolportiert – in welcher Form auch immer –, wäre der Feuerteufel ein blutiger Anfänger, der sich vertan hat. Ein Profi hätte nicht unseren Neubau, sondern Halle 1 aus dem Altbau-Ensemble in Brand gesteckt. Dort ist das ganze Sportgedöns gelagert. Halle 1 hat deutlich weniger Rampen als das Umschlaglager, weil dort Ware lagert, die seltener bewegt werden muss – so wie im Fall der Sportlogistik. Shirts, Startbogen und andere Utensilien liegen ja erst mal monatelang auf Lager, ohne dass viel damit passiert, ehe Tag X anbricht und es heißt: Alles muss raus.

Was also steckt dahinter? Clemens will sich nicht festlegen. Er ist verunsichert, ungewohnt wortkarg und misstrauisch. Kein Wunder: Es ist der erste Anschlag auf sein Unternehmen, das trifft ihn schwer. Dann ist man gleich noch mit einem Todesfall konfrontiert. Dieters Schicksal hat Clemens sichtlich mitgenommen. Eine Spedition ist zwar nicht die beliebteste Adresse in einer Stadt, ich habe von ihrem zweifelhaften Ruf als Lärm- und Abgasproduzent berichtet. Doch Clemens ist ein friedvoller Zeitgenosse und als Diplomat bekannt. Wer sollten also seine Feinde sein? Klar weiß er, was er will. Er lässt die Brechstange aber immer zu Hause. „Du kommst nur mit Argumenten weiter", sagt er. Ich will nach diesem Inferno aber gar nicht spekulieren. Es ist nicht mein Job, Täter und Motiv zu finden.

Der Fotograf

Ich hätte den Neuhardter Nachrichten nicht meine Dienste anbieten sollen. Das hab ich nun davon. Das Sprichwort mit dem kleinen Finger bewahrheitet sich. Da werfen die mich an meinem freien Samstagabend unsanft aus dem Bett, das ich zu diesem Zeitpunkt mit Ursel teile, und erzählen irgendetwas von einem Flammenmeer bei der Spedition Stern. Merkt ihr was? Ich weiß immerhin noch ihren Namen, das will ja schon was heißen. Na ja, ich hätte ja das Handy auf stumm schalten können. Doch das kann ich mir als Freischaffender natürlich nicht erlauben, noch nicht. Ich erinnere mich nicht mehr daran, wie Ursel auf meine Hektik und das abrupte Ende unseres Schäferstündchens reagierte. Ich denke, sie hat es mit Fassung getragen, zumal ich wohl irgendwas Anerkennendes gemurmelt habe wie: brandheiße Nummer, meine Flamme.

Egal, jedenfalls schiebe ich Ursel beiseite und mich in meine unordentlich verstreuten Klamotten. Später stelle ich fest, dass ich die Socken mit dem Muster nach innen angezogen habe. Egal, solange es nicht Ursels Blumenstrümpfe waren. Ab in den MX-5 und los, noch während der Fahrt schraube ich das geeignete Objektiv auf die Nikon. Besonders lichtempfindlich muss es sein, am besten auch gleich das 16-Millimeter-Weitwinkel-Objektiv. Damit könnte ich wohl auch einen ganzen Waldbrand einfangen. Ich gehe aber davon aus, dass der Sonnhäuser Forst noch nicht in Flammen steht. Für das Wegstück brauche ich kein Navi, davon abgesehen, dass ich es auch sonst nicht brauche. Wenn ich mich nach Tausenden von Fototerminen in Dornheim nicht auskennen würde, wäre ich wohl im falschen Job. Will nur sagen, dass mich die Rauchschwaden auch ohne jede Ortskenntnis zur entsprechenden Location gelotst hätten.

Das ist wohl nicht gerade die Sternstunde in Sterns Geschichte, denke ich mir. Tatsächlich ist der Anblick ziemlich übel und der Kampf gegen das Feuer nicht ganz ohne. Meterhoch schießen die Flammen in die Höhe und bringen den Himmel zum Erleuchten. Was, wenn Gefahrstoffe in der Halle lagern – Fässer, Gebinde, Pulver, was weiß ich? Zum Glück fährt Stern alsbald mit seinem Sternfahrzeug vor. So gibt er den Kommandanten der Löschzüge aus Dornheim und Neuhardt alsbald Entwarnung. „Nur ein paar Europaletten und leere Gitterboxen, mehr nicht", sagt er, als er sich gefasst und die Brandkatastrophe realisiert hat. Seine resolute Taube – sie heißt Sonja Zittler – hat die Feuerwehr sofort darüber informiert, dass der Hausmeister auf dem Gelände wohnt, direkt im Anbau an das Brandobjekt. Trotzdem war nichts mehr zu machen, der arme Kerl wurde von den Bestattern weggefahren. Ihr habt es ja der Presse entnommen.

Apropos Presse: Die Meldung im Dornheimer Anzeiger ist doch ein Armutszeugnis, oder? Da treibt ein irrer Feuerteufel im verschlafenen Sonnhaus sein Unwesen, ein unbescholtener Bürger kommt ums Leben. Und was macht die Lokalzeitung daraus, um des Lesers Wissensdurst zu stillen? Nichts, sie zeichnet sich mal wieder durch eklatante Schlechtleistung aus, indem sie dafür gerade mal ein knappes Dutzend Zeilen freischlägt. Hallo?! Das wäre unter normalen Umständen der Aufmacher gewesen! Das kann selbst ein kleines Fotografenlicht wie ich beurteilen.

Wenn da mal nicht mal mehr dahintersteckt. Kollege Morgenthal hat es in den Neuhardter Nachrichten ja schon durchblicken lassen: Umstritten ist die Laufveranstaltung doch eigentlich nur bei einer Person – bei Ralf Ringhaus. Wenn ihr mich fragt, hat der seine Finger im Spiel. Es ist doch offensichtlich, dass er die Sportveranstaltung und die ganze Kooperation zwischen den Gemeinden Sonnhaus und Grafenhorst verhindern will. Seine Auflage soll nicht weiter bröckeln. Den Brand wird er nicht selbst gelegt haben, er macht sich ja nicht die Finger schmutzig. Braucht er auch gar nicht. Der große Meister findet doch immer jemanden, der ihm die Drecksarbeit abnimmt. Denn es spricht doch Bände, was die Spürnasen der Sachverständigen und der Kripo in den Asche-Überresten finden und als Brandbeschleuniger identifizieren: verkohlte Zeitungsexemplare, der Papiersorte und -güte nach zu urteilen, des Dornheimer Anzeigers.

Kein Wunder, dass eine Handvoll Beamter noch am Sonntag die Redaktion durchkämmt hat, wie mir die Lokalsekretärin gesteckt hat. Barbara, die gute Seele, hält mich weiter auf dem Laufenden. Ob sie die nächsten Wochenenden schon verplant ist? Das muss ich bei nächster Gelegenheit in Erfahrung bringen. Jedenfalls waren Blattmacher und Schreiberlinge wohl nicht sonderlich amüsiert über die ungebetenen Besucher. Da müssen sie sonntags ran, um eine Montagsausgabe zu produzieren, während andere im Freibad dem Herrgott faul ihre dicken Bäuche und geschmacklosen Tattoos entgegenstrecken. Und dann werden die Helden der Sonntagsarbeit dabei noch behindert. Doch die angerückte Staatsmacht ist das kleinere Übel, sie tut nicht weh. Ringhaus' Zorn wird schwerer wiegen und ein mittelschweres Erdbeben auslösen. Das macht die weitere Entwicklung spannend. Wie gut, dass ich nach 30-jähriger Knipser-Karriere meine Netzwerke habe und am Ball bin – sei es dank Barbara oder Charlotte, der Zuckerbäckerin. Sie wird mich heute vermisst haben.

Kapitel 6

Die Neuhardter Nachrichten

Brand wirft Spedition Stern nicht aus der Spur

Sonnhaus, 21. August. Wenige Tage nach dem Brand auf ihrem Grundstück will die Spedition Stern den Geschäftsbetrieb im Bereich Stückgut wieder aufnehmen. Er wird jedoch zunächst großen Einschränkungen unterworfen sein. Firmenchef Clemens Stern teilte den Neuhardter Nachrichten mit, Zeltbauerin Christiane Ruckh aus Dornheim werde auf dem Gelände durch ihre Mitarbeiter einen riesigen Pavillon aufstellen lassen. „Er wird uns als Provisorium dienen, bis wir unsere abgebrannte Stückguthalle neu aufgebaut haben", sagt er. Stern zeigt sich zuversichtlich, dass ein neues Lager dank Schnellbauweise bereits in wenigen Wochen verfügbar sein kann. Sobald die Gutachter der Versicherung die Schäden beziffert und dokumentiert hätten, werde man die beschädigte Halle vollständig abreißen und den Neubau beginnen. Bei dem Brand am Samstagabend war der Hausmeister in der anliegenden Wohnung ums Leben gekommen. Die 6.000 Quadratmeter große Stückguthalle fiel den Flammen vollständig zum Opfer. Bis Stern die Sammelgutaktivitäten wieder vollständig aufnehmen kann, wird die im rund 40 Kilometer entfernten Meutingen ansässige Firma Laurus Logistik aushelfen und das Liefergebiet von Stern übernehmen. Das hat das Stückgutnetzwerk Network Partners, dem Stern und Laurus angehören, bei einer außerordentlichen Gesellschafterversammlung entschieden. „Wir sind sehr froh darüber, unseren Kunden nach dieser Zwangspause innerhalb so kurzer Zeit wieder einen Stückgutservice mit der gewohnten 24-Stunden-Laufzeit innerhalb von Deutschland anbieten zu können", sagt der Unternehmer.

Die Abwicklung des Stückguts im Zelt ist logistisch wesentlich anspruchsvoller. Ohne entsprechende Rampen können die Lkws nicht bequem mit Hubwagen auf einer Ebene über das Heck be- und entladen werden. Die Lagermitarbeiter sind darauf angewiesen, dass die Fahrzeuge entweder über Hebebühnen verfügen oder es sich um Fahrzeuge mit Planenaufbau handelt, der seitlich geöffnet werden kann. In dem Fall müssen Stapler zur Be- und Entladung eingesetzt werden. Hier sieht Stern allerdings weniger Schwierigkeiten: Solche Lkws sind seiner Ansicht nach kurzfristig von spezialisierten Fahrzeugvermietern zu bekommen. Problematischer sei der Zeitverlust aufgrund der aufwendigeren Abwicklung.

Michael Morgenthal

Bildunterschrift: Provisorium gefunden: Spediteur Stern (links) zu Besuch bei Zeltbauerin Ruckh. Aufnahme: Jan Pesch

Die Projektmanagerin

Danke Clemens. Als ob die Aufregung nach dem Brand nicht reichen würde. Nein, du musst unbedingt noch Öl ins Feuer gießen und ständig von deinem Provisorium reden. Das Wort steht auf dem Index! Ich werde drei Kreuze schlagen, wenn mein Doc mir endlich die Implantate einpflanzt und die qualvolle Ära mit dem Teil beendet. Ich wäre euch also dankbar, wenn wir stattdessen von einem Zelt sprechen würden.

Bei Stern geht es immer fix. Das wissen die Kunden wie die Mitarbeiter. Eigentlich war ich nicht überrascht, dass Clemens so schnell den Geschäftsbetrieb im Bereich Stückgut wiederaufnehmen würde, sein Improvisationstalent ist allseits bekannt. Gut, ohne das hätte er als Spediteur vermutlich auch den falschen Job. Dass Laurus für uns bei Network Partners in die Bresche springt, ist ein feiner Zug. Ich würde sagen, wir spielen in puncto Qualität in derselben Liga. Dadurch nehmen die Kunden durch den Brand nicht wirklich großen Schaden, müssen also keine Fehlverladungen oder andere böse Überraschungen befürchten.

Spurlos geht die Sache an uns allen trotzdem nicht vorbei. Ich müsste lügen, wenn ich behauptete, wir seien nicht aufgewühlt und rätselten nicht, auf wessen Konto der feige Anschlag geht. Anders als feige kann man ihn wohl nicht bezeichnen. Leider sind die Spürnasen bei der Polizei dem oder den Feuerteufeln noch nicht auf die Schliche gekommen. Es sollte mich aber wundern, wenn das nicht gelingen wird. Irgendwann kommt alles ans Licht. Ich will mich auch weiterhin nicht an Spekulationen zu Tätern und Motiven beteiligen. Das wirft nur Schatten auf Unbescholtene, bringt böses Blut und ist schlecht fürs Klima.

Ich sollte meine Energie lieber in das Laufprojekt stecken. Doch auch das ist leichter gesagt als getan. Wer weiß, ob die Kirchengemeinde den Brand nicht zum Anlass nimmt, um das Ganze noch einmal zu überdenken. Wirklich verübeln könnte ihr das im Licht des Brandanschlags wohl keiner. Zumal die Polizei ja selbst den möglichen Zusammenhang mit dem Gemeindelauf ins Spiel gebracht hat. Insofern ist womöglich alles, was ich jetzt bei der Organisation noch unternehme, vergebene Liebesmüh. Ich hoffe mal, dass ich übermorgen schlauer bin. Marie Bachmann, das ist die Gemeindereferentin in Sonnhaus – meine Ansprechpartnerin rund um die Lauforganisation – will sich dann mit mir treffen. Weil es mir hier stinkt – das meine ich ausnahmsweise wörtlich –, habe ich vorgeschlagen, uns im Café von Charlotte Gründler zu treffen. Die Backwaren und das Ambiente sind ganz okay. Für den Schürzenjäger von Fotografen, der für die Neuhardter Nachrichten die Brandbilder schoss und Clemens zu Zeltbauerin Ruckh begleitete, scheint der Bäckerladen sogar so was wie das zweite Zuhause zu sein. Diesen Kultstatus hat das Café für mich nicht.

Mit einer Sache allerdings wollte Marie Bachmann nicht bis übermorgen warten. Sie fragte mich am Telefon, ob wir es uns vorstellen könnten, die Trauerfeier für Dieter Maler im

Behelfszelt abzuhalten. Pfarrer Seegers habe das angeregt und erhalte dafür sicherlich die Genehmigung seiner Kirchenoberen. Marie Bachmann fügte hinzu, ein Gottesdienst auf dem Gelände wirke nicht nur sehr authentisch, er gebe den ehemaligen Kollegen Malers auch die Möglichkeit, würdig Abschied zu nehmen. Klar ist das auch in der Sonnhauser Kirche möglich. Der Besucherkreis dort ist aber meist sehr überschaubar. Viele trauen sich einfach nicht in ein Gotteshaus rein. Warum also eigentlich nicht auf unserem Gelände? Ich werde Clemens fragen, was er davon hält. Am Samstag oder Sonntag – also eine Woche nach dem Brand – soll das große Zelt stehen. Ich fände es Maler gegenüber ein schönes Zeichen, wenn sich hier alle für ihn ein Stelldichein gäben. Ich kann mir gut vorstellen, dass er sich diese Show nicht entgehen lassen wird, auch wenn ihm der große Bahnhof vielleicht etwas unangenehm ist. Er wird von oben runterschauen und sich über diese besondere, letzte Ehre freuen.

Die Neuhardter Nachrichten

Voyeur gefasst – Zusammenhang zu Brand bei Spedition Stern? Sonnhaus, 22. August. Kommissar Zufall sei Dank: Die Polizei in Dornheim hat einen Voyeur gefasst, der Details im Zusammenhang mit dem Brandanschlag auf die Spedition Stern in Sonnhaus melden wollte. Seine Beobachtungen sind für die Ermittler von großer Hilfe und erleichtern es ihnen wahrscheinlich, die Suche nach dem oder den Tätern zu verfeinern. Das befremdliche Auftreten des Informanten machte die Polizei stutzig. Sie fütterte ihre Dateien mit den Angaben zu seiner Person und fand heraus, dass es sich um einen einschlägig bekannten Voyeur mit möglicherweise pädophiler Neigung handelt. Er lebt im Dornheimer Stadtteil Sonnhaus und ist Kindern und Jugendlichen in der Nähe von Schulwegen schon mehrfach aufgefallen. Trotz entsprechender Beschreibungen konnte die

Polizei ihn bisher aber nicht fassen und befragen. Der 37 Jahre alte Mann, der erst seit einigen Wochen in Sonnhaus wohnt, ist bis auf Weiteres in Polizeigewahrsam.

Der Mann hatte sich von einer Telefonzelle aus bei der Polizei gemeldet, um Hinweise zum Brand bei der Spedition Stern zu geben. Die Polizei bekommt bei Anrufen von öffentlichen Fernsprechern in Dornheim die jeweilige Nummer und den dazugehörigen Standort sofort angezeigt. In der Kommune gibt es ohnehin nur noch eine Handvoll Telefonzellen. Wenige Minuten später konnten Beamte den Mann dingfest machen und mit aufs Revier nehmen.

Nach Angaben des Voyeurs soll ein Mann in einem schwarzen Talar mit Beffchen – das ist die Amtskleidung von evangelischen Pfarrern – am Samstag gegen 16 Uhr mehrere Zeitungsbündel am später abgebrannten Lager deponiert haben. Der Mann soll einen weißen Transporter gefahren haben. Fabrikat oder Kennzeichen sind dem Informanten nicht bekannt. Die Polizei nimmt die Angaben des Spanners ernst. Er konnte ihr glaubhaft versichern, dass er sich zu dieser Zeit im Sonnhäuser Forst aufgehalten hatte, wo er offenbar zum wiederholten Male Badegäste des benachbarten Freibads aus dem Gebüsch beobachtet hatte. Als der wahrscheinlich falsche Geistliche im Kleinlaster an ihm vorbeifuhr, ließ der Informant von den Badegästen ab und nahm mit seinem Fernglas den Mann ins Visier.

Die ermittelnden Beamten der inzwischen gebildeten Soko „Feuer" wollen nun wissen, wem sonst noch am Samstag ein Mann im Talar und weißen Transporter aufgefallen ist. Auf sachdienliche Hinweise ist eine Belohnung ausgesetzt.

Michael Morgenthal

Bildunterschrift: Alles andere als gottesfürchtig: Ein Mann in Talar mit Beffchen soll mehrere Zeitungsbündel an der Spedition Stern deponiert haben, ehe dort eine Lagerhalle in Flammen aufging. Foto: Archiv

Die Ereignisse überschlagen sich. Ich habe schon Schwierigkeiten, mit ihnen Schritt zu halten. Es ist innerhalb der vorigen Woche einfach zu viel passiert, leider nur Schlechtes. Ich brauche hier nicht alles wiederkäuen, ihr werdet die Neuhardter Nachrichten und deren Online-Ausgabe zum Brand in der Spedition Stern und ihren Folgen sicherlich verfolgt haben. Pfarrer Seegers und der KGR haben bestürzt auf den Brandanschlag und den Tod des dortigen Hausmeisters reagiert. Mark und ich sind ebenfalls fassungslos. Hier passiert sonst wohl nicht sonderlich viel, schon gar keine derartigen Verbrechen.

Jeder stellt die Frage nach dem Warum. Einer Firma einen solchen Schaden zuzufügen, ist das eine. Doch wer nimmt dabei in Kauf, dass ein Unschuldiger stirbt? Wie skrupellos kann man denn sein? Seit mein Chef mitbekommen hat, dass Stern die durch den Brand zum Erliegen gekommenen Aktivitäten in einem Zelt-Provisorium alsbald wieder aufnehmen will, lässt ihn eine Überlegung nicht mehr los: Er würde die Trauerfeier für Dieter Maler gerne dorthin verlegen, in das Provisorium. Nicht etwa weil er unsere Kirche nicht dafür würde hergeben wollen, Gott bewahre. Pfarrer Seegers hält es vielmehr für ein Zeichen der Verbundenheit mit der Spedition und ihren Mitarbeitern, die Zeremonie auf dem Speditionshof abzuhalten. Über Sonja Zittler haben wir bei Stern nachgefragt. Er ist einverstanden und von der Idee grundsätzlich angetan.

Gesagt, getan: Zwei Tage nach Aufbau des riesigen Zelts und genau eine Woche nach dem Brand hat unser Posaunenchor dort die Trauerfeier eröffnet. Mich hat sie sehr bewegt, was auch an der großen Anteilnahme der Belegschaft liegt. Ich würde schätzen, dass bestimmt 100 Mitarbeiter gekommen sind, plus die üblichen Besucher solcher Zeremonien. Alles in allem wahrscheinlich rund 150 Trauergäste. Aus Malers Familie selbst war – soweit ich das überblicken und zuordnen konnte – niemand anwesend. Die Frau sei ihm wohl schon vor Jahren mit einem anderen durchgebrannt, heißt es. Dann gibt es angeblich noch eine Tochter in England, die aber auch keiner in der Menge ausfindig machen konnte. Ob die überhaupt von dem Schicksalsschlag wissen? Ich finde die Vorstellung grauenvoll, dass mein Vater stirbt und ich nicht den blassesten Schimmer davon habe.

Mein Chef holt weit aus, beginnt bei den Konflikten der Welt und schlägt dann den Bogen zum Lokalgeschehen. Er prangert Krieg, Unrecht und Verfolgung weltweit an, ob in Syrien, Somalia, dem Sudan oder im Irak. Er führt aus, dass Menschen zunehmend alles auf eine Karte setzen müssten, um aus arabischen oder afrikanischen Ländern entweder über die Balkanroute oder über Libyen und Tunesien auf überfüllten Booten nach Europa zu gelangen. Jeder kennt die Bilder von völlig erschöpften Flüchtlingen, die in Deutschland ankommen, aus den Tagesthemen: Für die vage Hoffnung auf Frieden und Sicherheit und den gefährlichen Transfer opfern sie ihr gesamtes Vermögen. Und Pfarrer Seegers ergänzt, dass es eine 100-prozentige Sicherheit letztlich nirgendwo gebe, leider nicht einmal in Sonnhaus, wo man einander kenne und schätze. „Wir stehen fassungslos hier zusammen. Es geht nicht um eine Auseinandersetzung, die weit entfernt ausgetragen wurde. Es geht um einen Konflikt mitten in unserer Gemeinde, an dem wir alle tief betroffen Anteil nehmen. Ohne Vorwarnung wurde aus unserer Mitte ein lieber Mensch gerissen. Er ist ein unschuldiges, wahrscheinlich zufälliges Opfer einer verzweifelten Seele, die Schuld auf sich geladen hat. Wir kennen weder ihre Identität noch ihre Motive, doch wir bitten Dich, lieber Gott, nimm Dich auch ihrer an." Danach betet er für Dieter Maler und sein Seelenheil, aber auch für dessen Familie, die heute nicht hier sein könne.

Ich kann den Text so gut wiedergeben, weil Conny ihn mir zugesteckt hat. Ich war neugierig auf die Predigt und fragte sie, welche Worte ein Pfarrer wohl bei einem solchen Anlass wählen würde. Mein Chef hatte die Predigt schon vorbereitet, also ließ mich Conny einen Blick auf sein Manuskript werfen. „Darum nehmt einander an, wie Christus euch angenommen hat zu Gottes Lob." Mit dieser Bibelstelle ist man bei Gewalt oder Konflikten immer auf der sicheren Seite. Sie stammt aus dem Brief des Apostels Paulus in Römer 15, Vers 7, und mein Chef baute seine Predigt auf diesem passenden Zitat auf. Auch in der kleinen römischen Gemeinde gab es Unstimmigkeiten, wie Paulus zu Ohren gekommen ist. Deshalb wirbt er mit seinem Brief dort für Respekt und gegenseitiges Vertrauen. Das Bibelzitat ist sehr bekannt. Ich habe es bei Weltjugendtagen und anderen kirchlichen Veranstaltungen schon auf T-Shirts oder Plakaten gesehen. Auch für mich ist es eine Art Leitmotiv. Nehmt einander an! Ein prägnanteres Plädoyer für Toleranz und Verständnis gibt es doch kaum. Es ginge uns besser, wenn wir das beherzigen würden.

Clemens Stern bedankt sich im Namen der Belegschaft für die passenden Worte – und überhaupt für das herzliche Angebot, die Feierlichkeiten in dem Zelt auszurichten. Der Spediteur sagt, er sehe in der Zeremonie auch etwas Symbolisches – einen Neubeginn, den er nun mit Gottes Segen angehen könne. Denn dank des riesigen Zelts kann die Spedition ihre Verkehre teilweise wieder aufnehmen, die sie durch den Brand einstellen musste. Nach dem Vaterunser und dem Segen durch Pfarrer Seegers kommt der traurigste Part: die Beerdigung. Ich schätze mal, rund 40 Besucher fuhren danach mit zwei Dutzend Pkws dem Wagen mit dem Leichnam in Richtung Friedhof hinterher. Clemens Stern hat Trauerflor für die Antennen der Fahrzeuge ausgegeben.

Über die möglichen Motive hinter dem Brandanschlag hat sich nicht ein Einziger auf der Trauerfeier ausgelassen, jedenfalls ist mir nichts zu Ohren gekommen. Darüber bin ich sehr dankbar. Manchmal denke ich, dass unsere Laufveranstaltung ohnehin schon unter einem schlechten Stern steht – sorry Clemens Stern, das ist doch nur so eine Redensart. Immerhin scheint die Presse, namentlich der Dornheimer Anzeiger, ein echtes Problem mit dem Gemeindelauf zu haben. Sollte sich dann noch bestätigen, dass das Feuer irgendetwas damit zu tun hat, was die Polizei unglücklicherweise gleich gemutmaßt und verbreitet hat, wäre das wohl oder übel das Ende des Projekts. Weder für den Sport noch für ein gemeinsames Kirchenprojekt soll jemand sterben müssen.

Nun weiß ich aber, dass ich mir gleich selbst widersprechen werde. Denn mal ganz ehrlich: Eigentlich gibt es fast kein Zurück mehr. Neulich habe ich in einem Fernsehbeitrag aufgeschnappt, wie Piloten diesen Punkt nennen: den Point of no Return. Sonja Zittler hat mir gestern im Café Gründler mitgeteilt, dass die Zahl der Anmeldungen seit wenigen Tagen vierstellig ist. Das alles jetzt abzublasen, wäre ein Jammer. Vielleicht geht sogar unsere ehrgeizige Rechnung auf: Wenn jeder der 3.000 Einwohner in Sonnhaus drei Läufer aus seinem Bekanntenkreis mobilisiert – und der 30-Euro-Gutschein zum Einlösen in den örtlichen Geschäften als Prämie dürfte ja Anreiz genug sein –, haben wir fast schon die Zielmarke von 10.000 Teilnehmern erreicht. Ein solcher Zulauf wäre doch der Hit – erst recht bei einer Premiere, einem völligen Testballon, welcher der Gemeindelauf ja ist. Nachdem wir nun also schon im Bereich der vierstelligen Teilnehmerzahlen sind, bin ich überzeugt: Da ist noch Luft nach oben. Immerhin entscheidet sich das Gros der Läufer ja auch erst in letzter Minute. Ich mache es doch genauso, wenn ich bei einem Stadtlauf mitmache. Dieses Jahr bin ich leider noch nirgendwo angetreten. Umso mehr werde ich es genießen, am 10. Oktober bei unserer eigenen Laufveranstaltung am Start zu stehen. Ich denke, ich entscheide mich für den Halbmarathon. Ich kann es kaum erwarten, Mark ein Update zu den Teilnehmerzahlen zu geben. Er freut sich immer so mit mir.

Sonja, auch sie hat mir inzwischen das Du angeboten, geht von einem regelrechten Anmeldeboom in den nächsten Wochen aus. Ihr Optimismus stützt sich auf die vielen Anfragen von interessierten Läufern, die täglich bei ihr eingehen.

Seltsamerweise kommen diese weiterhin nicht aus Dornheim im Allgemeinen oder unserem Stadtteil Sonnhaus im Besonderen. Durch den Brand in ihrer Firma lässt sich Sonja auch nicht in ihrer Arbeit bremsen. „Keine Sorge, da können so ein paar Flammen nichts ausrichten", sagt sie sinngemäß. „Hauptsache, ihr wollt das weiter durchziehen, dann bleiben wir mit Feuereifer dabei." Feuereifer, ja das Wort ist ihr rausgerutscht, sie entschuldigt sich aber gleich für das „unpassende Vokabular". Auf das Anmeldeportal im Internet und das daran angebundene Teilnehmermanagement könne sie von überall aus zugreifen. „Dazu muss ich nicht an meinem geräucherten Schreibtisch sitzen." Irgend so ein Nerd in ihrer Firma hat das Ganze programmiert. Seinen Namen weiß ich nicht mehr, er muss wohl irgendwie an Sonjas so sehr geliebtes Federvieh erinnern.

Ebenso speziell wie Sonjas Hühnchen-Aversion ist der Fotograf Pesch, der sich zur selben Zeit wie Sonja und ich im Café aufhält und emsig mit der Inhaberin Charlotte Gründler an der Theke flirtet. Mit seinem Fotoblick scannt er regelrecht das Ambiente um sich und die Besitzerin herum. Als er mich entdeckt, zwinkert er mir zu und zielt mit seiner Kamera scherzhaft in meine Richtung. Es muss Peschs Stammcafé sein, Sonja hat mir auch davon berichtet. Der Gute hat wieder zu viel Pomade im Haar, wahrscheinlich auch zu viel intus und erneut zu viele Knöpfe am Hemd offen. Aber das muss sein Markenzeichen sein. Kann nur hoffen, dass Mark nicht eines Tages so daherkommt. Besser, ich schenke ihm keine Kamera zum Geburtstag.

Und dann haben wir ja noch so einen Sonderling. Ich spiele auf den gefassten Voyeur an. Einen Mann mit Talar und Transporter will er beobachtet haben. Gibt es den wirklich? Und wenn ja: Handelt es sich um einen Komplizen oder um den Brandstifter selbst? Ich habe an der Version meine Zweifel. Die Polizei scheint dem Mann Glauben zu schenken, Pfarrer Seegers eher nicht. Er kann sich ein Schmunzeln nicht verkneifen, als er die betreffenden Zeilen in den Neuhardter Nachrichten liest. „Das ergibt doch keinen Sinn – so eine Aufmachung. Damit fällt man doch erst recht auf", kommentiert er. An die Amtstracht ranzukommen, ist dabei wohl nicht das Problem. Es gibt sie bei jedem Faschingsausstatter – natürlich dann nur als Imitat. Aber welcher unbedarfte Bürger erkennt schon den Unterschied zum Original?

Während ich erzähle, was sich seit dem Brand getan hat, meldet sich wieder mein schlechtes Gewissen: Ich habe Jens immer noch nicht zurückgerufen. Zurzeit komme ich aber auch zu nichts. Es gibt so viel anzupacken. Manchmal weiß ich gar nicht, wo mir der Kopf steht.

Kapitel 7

Der Dornheimer Anzeiger, 23. August

Willkürliche Durchsuchung der Redaktion
Von Ralf Ringhaus
Sonnhaus – Der Ringhaus-Verlag im Dornheimer Stadtteil
Sonnhaus reagiert mit Unverständnis und Empörung auf die
Ermittlungen der Polizei in der Redaktion des Dornheimer
Anzeigers. Die Beamten haben am Sonntag vor einer Woche –
also einen Tag nach dem Brandanschlag auf die Spedition
Stern in Sonnhaus (wir berichteten) – unsere Räumlich-
keiten durchsucht. Nicht nur, dass die Ermittler die dienst-
habenden Redakteure nur unzureichend über ihre Motive in
Kenntnis setzten oder einen plausiblen Anlass dafür nennen
konnten. Die Polizisten erschwerten mit ihrem Stöbern nach
irgendwelchen Dokumenten auch massiv die Produktion der
Montagsausgabe.
Der Verlag prangert diese willkürlichen Praktiken von
Polizei und Justiz an und fragt, wie offenbar in Sekunden-
schnelle erwirkte Durchsuchungsbefehle und Rechtsstaat-
lichkeit zusammenpassen. Unser Unternehmen droht mit
ernsten Konsequenzen, sollte dieser Irrtum nicht schnellst-
möglich aufgeklärt und entschuldigt werden. Die Presse
leistet einen wertvollen Beitrag zur Meinungsbildung und
ist ein unverzichtbares Kontrollorgan. Dadurch genießt sie
den besonderen Schutz des Staates. Die Hüter von Recht
und Gesetz haben dieses Grundrecht mit Füßen getreten.
Wir halten es für unsere Pflicht, unsere Leser darüber zu
informieren.

Hoho, ist da jemand etwa dünnhäutig? Ringhaus scheint in Bestform zu sein. Endlich mal wieder ein flammendes Plädoyer für die Pressefreiheit, aus der Feder des Verlegers höchstpersönlich. Wann hat es das das letzte Mal gegeben? Ich kann mich jedenfalls nicht daran erinnern. Bei mir heißt das aber auch nicht allzu viel. Mitunter vergisst man schon mal etwas – wie die weiblichen Bekanntschaften heißen, wie viele Cognac Charlotte – deinen Namen werde ich nie vergessen – mir serviert hat und so weiter.

Habe ich nicht prophezeit, dass der Besuch der Staatsmacht in seiner Redaktion einer Kriegserklärung gleichkommt? Verstehen kann ich Ringhaus, die Presse hat hierzulande nicht umsonst besondere Freiheiten. Als guter Verleger muss er sich also wehren. Und ehrlich gesagt wäre es ein Leichtes für die Soko gewesen – welchen kreativen Namen hat sie sich noch gleich verpasst? Feuer, habe ich gehört –, etwas sensibler und geräuschloser vorzugehen. Aber nein, sie musste ja poltern und alles übers Knie brechen. Doch purer Aktionismus hat noch nie etwas bewirkt. Irgendwie traurig, dass keiner mehr seinen Hirnfilm belichtet, ehe er irgendwelche Aktionen auslöst. Bei etwas mehr Feingefühl von Polizei und Staatsanwaltschaft hätte Ringhaus sich seine heftige Reaktion erspart. Die Öffentlichkeit hätte nicht groß Wind davon bekommen, und die Ermittler hätten es nun leichter. Denn die werden nun feststellen, dass Ringhaus unter diesen Umständen keine allzu große Lust verspüren wird, in irgendeiner Form mit der Staatsmacht zu kooperieren. Stellen wir uns also auf zähe Ermittlungen ein.

Dass Ringhaus überhaupt im Visier der Soko steht, ist jedoch sein eigenes Verdienst. Sein Lokalchef Holter hat ja schon vor Wochen unmissverständlich erklärt, was er vom Gemeindelauf in Sonnhaus hält: gar nix. Nun stirbt ein Mann bei einem Brandanschlag. Da liegt es doch nahe, dass die Ermittler zunächst prüfen, wer irgendeine Rechnung mit Stern offen oder wer ein Interesse daran hat, eines von Sterns Projekten zu sabotieren. Man muss also kein Sherlock Holmes sein, um hier messerscharf zu folgern. Dann wären da ja noch die Zeitungsbündel, die in Brand gesetzt wurden – angeblich Exemplare des Dornheimer Anzeigers. Wobei man auch darauf nicht zu viel geben sollte. Die Zeitung ist hier nun mal verbreitet, also hat auch der Täter leichten Zugriff. Wären Spuren der kubanischen Granma gefunden worden, würde ich mich eher wundern.

Doch nun kommt ein weiterer Beleg für das Missfallen des Dornheimer Anzeigers an der Laufveranstaltung und damit an der Arbeit der Spedition Stern. Von der morgigen Ausgabe an – das hat mir Barbara gesteckt – wird der Verlag keinerlei kirchliche Veranstaltungen mehr ankündigen, weder in der Printausgabe noch auf seinen Web-Seiten. Liebe Leser, ab sofort gibt es in Ringhaus' Publikationen also weder Infos über Frauenkreise, Gesangsvereine noch über Gottesdienste oder Öffnungszeiten von Pfarrbüros. Von wegen „immer an die Leser denken". Der Leser wird zum Kollateralschaden eurer Kriegereien. Ob ihr euch damit einen Gefallen tut, wage ich zu bezweifeln. Herzlichen Glückwunsch, lieber Verlag und Prost Mahlzeit! Habe ich schon erwähnt, dass ich froh bin, bei den Neuhardter Nachrichten mit Profis zusammenzuarbeiten?

Apropos Profis: Ich will zu dem Trottel im Talar überleiten. Nur um nicht missverstanden zu werden: Ich meine nicht den Seegers. Auf den lass' ich nichts kommen, wir kennen uns nun auch schon eine Ewigkeit, der ist in Ordnung. Ich meine den Transporterfahrer im wahrscheinlich gefakten Talar, den der Perverse ja angeblich gesehen haben will. Gibt es ihn wirklich, ist er auch der Brandstifter? Ich würde darauf keinen Fuji-Film wetten. Ich bin mir sicher, ich habe noch ein paar Rollen davon als Erinnerung an das prädigitale Fotozeitalter in meinem Labor liegen. Ich würde dem Voyeur nichts glauben – außer dass er scharf auf scharfe Bilder ist. Ups, so gesehen bin ich ja auch ein Voyeur. Wenn das alles nicht so ernst wäre, würde ich mich darüber kringelnd am Boden wälzen.

Das Feuer ist erloschen, doch die Folgen begleiten uns noch lange. Ich muss jedoch gestehen – auch wenn das gegenüber dem armen Dieter Maler vielleicht etwas pietätlos klingen mag –, dass ich die erschwerten Arbeitsbedingungen nach dem Brand seit einigen Tagen als Ansporn betrachte. Denn die Uhr tickt, und unser Projekt will organisiert werden. Wahrscheinlich geht es meinen Mitmenschen nicht anders. Ihr werdet euch wundern, wie schnell man wieder zur Tagesordnung zurückkehrt. Dass die Stadt das Verbrechen nicht schon komplett vergessen hat, liegt wahrscheinlich nur daran, dass der Schuldige auch drei Wochen nach der Tat noch nicht im Kittchen sitzt.

Das ist wohl nur eine Frage der Zeit. Ich glaube nicht, dass jemand mit dieser Schuld leben kann, ohne sich irgendjemandem anzuvertrauen. Und schon fliegt die Sache auf. Davon abgesehen, dass auch die Herrschaften bei der Soko alles geben, um dem Täter auf die Spur zu kommen. Das jedenfalls ist mein Eindruck. Sonst würden sie wohl nicht bei meinem Chef aufkreuzen und fragen, wie viele Ausfertigungen seines Talars er besitzt und ob er eine davon gegebenenfalls jemandem ausgeliehen hat. Sie bitten um Verständnis, sie wollten nur prüfen, was es mit den Beobachtungen des Sittenstrolchs auf sich habe. So oder ähnlich hat sich zumindest ein gewisser Sascha Götz ausgedrückt, der die Soko Feuer leitet.

Der Artikel in den Neuhardter Nachrichten hat nach seiner Darstellung wohl so gut wie gar kein Echo hervorgerufen, kein Leser hat sich gemeldet. Ich bin der Ansicht, dass das nicht gerade für die Glaubwürdigkeit des Voyeurs spricht. Logischerweise müssen Götz und seine Leute den Hinweisen trotzdem nachgehen. Es ist ja scheinbar die einzige heiße Spur. Der Spanner ist übrigens längst wieder auf freiem Fuß. Er hat ja keinem etwas getan, sondern die Kids auf dem Schulweg nur durch seine Präsenz erschreckt. Der Kerl wird sich aber künftig etwas zurücknehmen müssen. Denn nun ist er polizeibekannt und als solcher unter ständiger Beobachtung.

Ach so, was Pfarrer Seegers Kommissar Götz entgegnet hat: Dass er bisher nicht den Drang verspürt habe, sich weitere Talare zuzulegen. Der Kirchgänger goutiere das ohnehin kaum – für ihn sähen sie gleich aus. Darüber musste ich schmunzeln. Ein Glück, dass mein Chef mit so viel Witz gesegnet ist. Dann hat er noch hinzugefügt, dass er seine Amtskleidung für gewöhnlich nicht in seinem Kleiderschrank zu Hause, sondern in der Sakristei aufbewahre.

Er empfehle der Soko aber, von dahin gehenden Ermittlungen abzusehen. Mehrere Leute hätten Zugang zu dem Schlüssel. Wer partout mit dem feinen Tuch eine Spritztour im Transporter machen wolle, finde sicherlich eine Gelegenheit, das zu tun. Aber nein, er gehe nicht davon aus, dass der Talar am Samstagmittag, statt am Kleiderhaken in der Sakristei zu hängen, am Steuer eines Lasters ausgeführt wurde. Seine Hand will Pfarrer Seegers dafür aber nicht ins Feuer legen. Oh je, wieder eine unpassende Formulierung. Erstaunlich aber, wie oft einem das Feuer im Sprachgebrauch begegnet. Mein Chef empfiehlt der Polizei abschließend mit einem Augenzwinkern, mal einen Gedanken daran zu verschwenden, dass es Talare minderer Qualität auch als Faschingskostüm gebe – wahrscheinlich bei jedem Internet-Versandhändler Deutschlands. Hoppla, mein Chef ist ja eine richtige Karnevalskanone!

Doch ob nun ein Mann im Talar oder ein Walross mit blonder Perücke dahintersteckt: Es wäre schade, sich von der Spurensuche zu sehr ablenken und in seinen Vorbereitungen bremsen zu lassen. Ich muss mich korrigieren: Nein, es wäre nicht nur schade, es wäre Arbeitsverweigerung. Wir sind in der heißen Phase vor dem Lauf angekommen. Es bleibt nur noch ein guter Monat Luft, ehe wir einen Menschenauflauf erleben werden, wie ihn Sonnhaus noch nicht gesehen hat. Täglich kommen Dutzende neuer Anmeldungen rein. Ich bin also wieder im Rennen. Ich habe meine Motivation wiedergefunden, was gut ist.

Ja, und ob ihr's glaubt oder nicht: Endlich steht auch das Streckenprofil. Auf unserer Info- und Anmeldeseite im Netz – ihr wisst, das Baby des IT-Nerds bei der Spedition Stern – kann man sich das nun zur besseren Vorbereitung in aller Ruhe anschauen und bei Bedarf runterladen. Die Strecke kommt mit nur wenigen Steigungen aus, führt außer im Start- und Zielbereich nirgendwo über eine Straße – was gut ist, weil es sonst den Verkehr zu stark beeinträchtigen und eine Gefahrenquelle darstellen würde – und ist alles in allem recht abwechslungsreich.

Die Zehn-Kilometer- und Halbmarathon-Läufer starten gemeinsam vor unserer Kirche. Ich freue mich schon auf Peschs Bilder dazu. Er mag ein komischer Kauz sein, versteht jedoch sein Handwerk, wenn man an die Perspektive, Schärfe und Aussage seiner Bilder denkt. Ich kann mir also schon gut vorstellen, wie er sich vor dem Startbogen postiert und mit seiner Kamera einfängt, wie sich Tausende von Läuferbeinen in Bewegung setzen – dahinter die eindrucksvolle Kulisse unserer kleinen, aber feinen Barockkirche. Nach dem Start geht es aus dem Ort hinaus über gut begehbare Feld- und Waldwege und ein kleines Stück durch den Sonnhäuser Forst mit seinem schönen Mischwald. Am örtlichen Weiher, bei Kilometer 7, bauen wir unseren ersten Getränkestand auf. Dann raus aus dem Wäldchen, ein paar Hundert Meter dem Radweg parallel zur L 57 nach – und schon läuft man in Grafenhorst ein und kann die Kirche nicht mehr verfehlen. Dort steht der Zielbogen, der zugleich als Wendepunkt für die Fraktion der Halbmarathonis dient. Letztere laufen weitgehend dieselbe Strecke retour, wobei ich für sie im Sonnhäuser Forst noch eine zusätzliche Schleife eingebaut habe. Irgendwie muss ich den Spaß ja um 1,1 Kilometer ausdehnen, sonst wäre es hin und zurück ja nur ein 20-Kilometer-Lauf.

Ich kann euch versichern, dass mich das Streckenprofil ganz schön gefordert hat. Es kommt ja nicht nur darauf an, halbwegs reizvolle Wege zu finden. Die große Kunst ist vielmehr, sie zu einer 10-Kilometer-Strecke zu verbinden. Als ich die endlich auserkoren hatte, war es ein Leichtes, für den Rückweg noch eine kleine Verlängerung einzuflechten. Auch wenn es eine kleine Herausforderung war, hat es Spaß gemacht, geeignete Strecken zu finden. Ganz nebenbei hat es meine Kondition gesteigert. Außerdem bin ich, was das Mitführen von technischen Spielereien angeht, auf den Geschmack gekommen: Meine Smartphone-App ist wirklich gut, in Verbindung mit Google Earth ist auch das Aufstellen eines Streckenprofils kein Hexenwerk mehr. Die App weiß zu jeder Zeit, wie viele Meter man bewältigt hat und damit auch, wie viele noch fehlen, um die zehn Kilometer komplett zu machen.

Doch trotz aller technischen Annehmlichkeiten: Der liebste Begleiter war mir in den vergangenen Wochen beim Laufen mein Herzblatt Mark. „Hey, ich will dich doch mit meinem Laufteam am 10. Oktober nicht blamieren. Wenn es dich nicht stört, leiste ich dir also gern Gesellschaft und arbeite etwas an meiner Form", hat er gesagt und mir demonstrativ seine neu erworbenen, neongrünen Laufschuhe entgegengestreckt. Ich weiß noch, dass ich nicht auf den Mund gefallen war. „Schade, jetzt wo ich doch gerade an meinen neuen Songs auf dem iPod Gefallen gefunden habe. Wer sagt mir, dass mit dir als Laufpartner mehr Musik drin ist?" Wir beide mussten gleichermaßen lachen, wie schnell ich pariert habe.

Meinen MP3-Player habe ich tatsächlich erst kürzlich mit coolen Nummern gefüttert. Dass sich zwei davon mit dem Thema Feuer beschäftigen, wurde mir erst später bewusst – schon seltsam. Sie stammen von meinen geliebten Powerfrauen: die stimmgewaltige Adele mit „Set Fire to the Rain" und die nicht weniger ausdrucksstarke Alicia Keys mit „Girl on Fire". Beides sind echt kraftvolle Nummern, die mich beim Lauf beflügeln, trotz des vielleicht makaber anmutenden Flammenbezugs.

Aber um Marks Frage zu beantworten: Nein, gestört habe ich mich an seiner Gesellschaft bestimmt nicht. Im Gegenteil, es ist doch prima, wenn man Gemeinsamkeiten entdeckt.

Außerdem hat er, wie so häufig, sein Licht unter den Scheffel gestellt. Mark ist gut in Form, seine 80 Kilo führt er bei 185 Zentimeter Körpergröße mit Leichtigkeit auch über die anspruchsvollsten Strecken und Steigungen. Ich denke, der gemeinsame Ausdauersport hat uns noch näher zueinander gebracht. Ihr glaubt nicht, wie viel mir diese Läufe und die anschließenden Abende bedeuten. Ich tanke daraus so viel Kraft. Wir verbringen dann richtig viel Zeit miteinander, entspannen nach getaner Arbeit in der Badewanne und köcheln uns noch etwas Leckeres, ehe wir ausgepowert vom Tag kuschelnd auf dem Sofa einnicken.

Ich weiß, es ist Mark gegenüber nicht fair, wenn ich Jens – der vor vielen Monaten einen ähnlichen Stellenwert in meinem Leben hatte – immer im selben Atemzug erwähne. Doch an welcher Stelle sonst kann ich in meinen Ausführungen sinnvoll einbauen, dass ich mich nun endlich aufgerappelt habe, ihn zurückzurufen. Erreicht habe ich ihn aber auch nach mehreren Versuchen nicht, sondern immer nur seine Mailbox. Ich denke, er ist im Urlaub, dabei lasse ich es nun bewenden. Sowie er wieder im Lande ist, kann er sich ja bei mir melden. Es wird dann wohl doch nicht so wichtig sein. Ich hoffe jedenfalls, dass er durch den Pressebericht doch nicht so viel Spott und Häme geerntet hat wie befürchtet. Das damals war definitiv zu heftig. Die haben aus Jens so ein Nervenbündel gemacht, dass er nicht mehr in der Lage war, Liebe zu schenken. Das überlebt keine Beziehung, unsere inbegriffen.

Kapitel 8

Der Fotograf

Am heutigen Tag gelten neue Regeln. Charlotte verlangt selbst nach einem Cognac. „Ist dir nach einem Rollentausch?", frage ich. „Sorry, da muss ich dich wohl enttäuschen – Zuckerbäckerei ist nicht so mein Ding, mehr als Tiefkühlpizza bekomme ich nicht gebacken. Und ich weiß nicht, ob im Café Gründler irgendeiner deiner Gäste dafür bezahlen möchte." Ohne darauf zu reagieren, hält sie mir wortlos nacheinander eine angefangene Flasche und zwei Gläsern entgegen. Ich bin Gentleman genug, um ihr diesen Wunsch nicht abzuschlagen. Ich schenke jeweils zwei Fingerbreit ein und wir kippen den braunen Branntwein entschlossen runter. Das halbe Dutzend Gäste ist versorgt und mit sich selbst beschäftigt. Ich beobachte, wie Charlotte sich mit gezielten Blicken davon überzeugt. Mit einer Geste bittet sie mich dann an einen ihrer Tische. „Sorry, du siehst aus, als wäre dir heute lieber nach Cappuccino mit Mandelhörnchen zumute gewesen." Ehrlich? Ich wirke zufrieden und mit mir im Reinen? Das ist zweifellos ein Kompliment. „Und wenn schon, dieses Opfer bringe ich gerne", sage ich. Und schon legt sie los.

Charlotte berichtet, dass die Einzelhändler in Sonnhaus erneut die Köpfe zusammengesteckt hätten. „Ist doch prima, wieder wegen der Gutschein-Aktion?", frage ich und stelle fest, wie konzentriert ich in Charlottes Gegenwart bleiben kann. Anderswo vergehen nur wenige Augenblicke und meine Gedanken entführen mich auf immer neue Reisen – meist zum Leidwesen meiner jeweiligen, nicht selten weiblichen, Gesellschaft. „Hallo, hörst du mir eigentlich zu?", ist dann meist noch die charmanteste Frage.

Doch halt, ich darf Charlotte nicht enttäuschen und versuche, mich auf ihre mandelbraunen Augen zu konzentrieren. Darunter die Nase, ähnlich einer durch einen Spritzbeutel aufgesetzten Mandelmakrone, und darunter mein geliebter Mandelhörnchenmund. Den kenne ihn nur mit nach oben zeigenden Hörnchenenden, die missmutige Zuckerbäckerin ist mir bisher verborgen geblieben. Es scheint sie aber zu geben, denn heute zeigen die Hörnchenenden nach unten. Charlotte scheint daran gewöhnt, dass meine Gedanken kreisen, jedenfalls rügt sie mich heute nicht dafür.

„Nein, die Aktion ist Bombe. Inzwischen sind die cleversten Sonnhäuser auch dahintergekommen, dass man bei einer großen Sippe oder einem großen Freundeskreis ja mehrere Gutscheine zusammentragen kann – dann mobilisiert man statt der drei Läufer eben sechs oder neun Teilnehmer und – zack – kann man den Einzelhändler seines Vertrauens schon um 60 oder 90 Euro erleichtern." Solche Gutscheine türmen sich, wie ich vernehme, inzwischen aber stärker bei Charlottes Kollegen Morani und Weckmann. Denn wer fleißig mobilisiert, kann für 60 oder 90 Euro Prämie locker auch schöne Schuhe oder die neuesten Bestseller nach Hause tragen.

Nein, das Quartett der Einzelhändler hat sich diesmal aus weniger erfreulichen Motiven zusammengefunden. „Ich weiß gar nicht, ob ich den Mut gefunden hätte, auf die anderen zuzugehen", räumt Charlotte ein. „Ich sehe das als eine Art Stigma." Nun mach schon, du süße Zuckerbäckerin, spann mich doch nicht so auf die Folter, sage ich mir und nestle am Reißverschlussschieber meiner Fototasche, die gewohnheitsmäßig neben mir Platz genommen hat.

Corrado habe den Anfang gemacht, sagt Charlotte endlich. Er hat die anderen drei zum „Probetragen" nach Ladenschluss in seinen Schuhladen gebeten. Wenigstens in Sonnhaus ist es den Einzelhändlern gelungen, ihre Ladenöffnungszeiten aufeinander abzustimmen, denke ich mir erleichtert. Um sieben Uhr abends ist Schluss, und der letzte Kunde fliegt raus. „Probetragen" nutzt Corrado Morani als unverdächtiges Codewort, wenn er den anderen etwas mitzuteilen hat – unabhängig, ob er eine neue Kollektion italienischer Edeltreter reinbekommen hat oder nicht. Manchmal sind es Beobachtungen, auf die er sich keinen Reim machen kann, oder spontane Einfälle, um dem lokalen Einzelhandel auf die Sprünge zu helfen. Jedenfalls sind der Buchhändler Dr. Weckmann, der Metzgermeister Kördel und meine Zuckerbäckerin Charlotte dann meist um halb acht zur Stelle. Türen geschlossen, Bares gezählt – und grübelnd um die Ecke zu Morani geschossen. Beim konspirativen Treffen eines Geheimbunds geht es wohl nicht anders zu, überlege ich mir.

Morani schenkt also schweren Rotwein aus Apulien ein und reicht leichte Bruschetta dazu. Am liebsten würde er mit seinen dicksten Winterstiefeln – frisch eingetroffen aus der Lombardei – diesem dämlichen Götz mit seinem schäbigen Schuhwerk damit in den Allerwertesten treten. So muss er sich sinngemäß wohl ausgedrückt haben, wie Charlotte berichtet. Sie muss kichern, genauso wie ihre Kollegen und sie bei Moranis Worten gekichert hätten. Doch die gute Laune ist ihnen gleich verflogen, als sie feststellten, dass jeder von ihnen die Bekanntschaft mit Götz gemacht hat. Okay, jetzt hat's klick gemacht – und zwar ausnahmsweise nicht durch meinen Auslöser, sondern in meinem Kopf. Eine Razzia bei den Gewerbetreibenden in Sonnhaus also, die Soko Feuer lässt grüßen.

Typisch Frauenzimmer, sage ich mir. Blumige, mit vielen Girlanden geschmückte Erzählungen. Durchaus kurzweilig, aber für meine Begriffe zu langatmig. Doch Charlotte, deiner Zuckerbäckerstimme lausche ich gerne – auch wenn ich für meinen Teil die Botschaft auf nur einen einzigen Satz verdichtet hätte: Jan, stell dir vor: Die Polizei scheint alle vier Einzelhändler in Sonnhaus zu verdächtigen. Wie sich durch die Berichte des Quartetts herausstellt, haben sich die Ermittler die Geschäftsinhaber hintereinander vorgeknöpft. So wie es

Charlotte mir gegenüber aber darstellt, kann man – anders als beim Dornheimer Anzeiger – wohl nicht von einer Razzia sprechen. Die Beamten gingen feinfühliger und diskreter vor. Es waren auch jeweils nur zwei an der Zahl. Sie haben in allen vier Geschäften gewartet, bis der letzte Kunde seinen Beratungsbedarf gestillt hat und der Chef oder – im Fall von Charlotte – die Chefin frei wurde.

„Okay, also halb so wild", entgegne ich. Doch nun ernte ich doch einen Tadel, in Form eines finsteren Gesichtsausdrucks. Charlotte sieht den Besuch nicht wie ich als routinemäßige Befragung an, sondern als grundlose Verdächtigung. Sie hat vorhin ja schon von einem Stigma gesprochen. Doch anders als im Imperium von Ringhaus haben die Ermittler bei den Kleingewerbetreibenden nicht gefordert, sondern höflichst gefragt – nach Informationen und Einsicht in diverse Dokumente. Scheinbar beiläufig streuten die Beamten bei jeder Partei die Frage ein, wo genau man den betreffenden Samstagabend verbracht habe. Jenen, als es bei Stern brannte – genau jenen.

Logisch, dass Sherlock Götz und sein Assistent keinem der Ladenbesitzer verraten wollen, was sie sich von den Befragungen versprechen. Reine Routine, laufende Ermittlungen, um so viele Erkenntnisse wie möglich zu gewinnen – so oder ähnlich hat das Polizistenduo dann meist geantwortet. Als sie fertig mit ihrem Bericht ist, schäumt Charlotte mit sicheren Handgriffen Milch für zwei Gläser Café Latte auf und bringt die fertigen Heißgetränke an einen der sieben Tische, an dem es sich zwei Schülerinnen bequem gemacht haben. „Vergiss es, die sind zu jung", raunt mir Charlotte zu und stupst mich an der Nase. Ich wette, die sind kaum jünger als Marie Marathon. Doch ich will nicht insistieren und mich in Teufels Küche bringen.

Außerdem bin ich ein Freund abgeschlossener Episoden. Also will ich wissen, zu welchem Schluss Schuhfetischist Maroni nun gekommen ist. „Du weißt, dass er Morani heißt …?" Sorry, klar. „Die Polizei fragt sich wohl, ob wir nach all den Jahren noch immer eine Rechnung mit Stern offen haben", sagt

Charlotte. Mir ist klar, worauf sie anspielt: auf die Nummer mit dem Gewerbegebiet. „Genau. Wir waren im Glauben, wir bekämen endlich unsere heiß ersehnte Fußgängerzone, doch aus unerfindlichen Gründen hielten die Gemeinderäte ein vergrößertes Gewerbegebiet für sinnvoller. Frag mich nicht, wie Stern diese Wendung der Dinge hinbekommen und was er dafür unternommen hat. Logisch, dass wir einen Hals hatten. Aber Schwamm drüber, das ist eine Ewigkeit her", sagt Charlotte. Man hege keinen Groll mehr gegen ihn. Sie ergänzt, dass die Ladenbesitzer und Stern sich doch regelmäßig über den Weg liefen, zum Beispiel im Gewerbering, wo man konstruktiv zusammenarbeite.

Ungünstig nur, dass ausgerechnet jene Immobilie bei Stern gebrannt hat, die auf der neu ausgewiesenen Gewerbefläche entstanden ist. Soko-Chef Götz macht seinen Job seit Ewigkeiten, jedenfalls habe ich ihn bei Pressekonferenzen schon Hunderte Male in Rednerpose verewigt. Also kennt er die Story mit dem Gewerbegebiet und dem überraschenden Abstimmungsergebnis im Gemeinderat bestens. Daher rühren auch die Befragungen. „Götz macht nur seinen Job. Er scheint mir eben sehr gründlich vorzugehen", sage ich. „Zu gründlich, sonst hätte er den Feuerteufel doch längst", erwidert Charlotte. Also versuche ich, sie etwas aufzumuntern: „So schnell kannst du gar nicht gucken, wie sich das für euch Geschäftemacher, äh Geschäftsbetreiber in Wohlgefallen auflöst." Die Mandeläuglein schauen mich groß an, das Mandelhörnchen öffnet sich und die Zuckerstimme murmelt etwas in der Art wie: „Dein Wort in Gottes Ohr." Das Rentnertrio an Tisch drei will bezahlen – und ich befrage mein Smartphone, welche Termine noch am Nachmittag anstehen: eine Vernissage mit dem Titel „Stillleben, gestern und heute" und ein Foto von einer Tomatenstaude.

Tomatenstaude?, denkt ihr jetzt wahrscheinlich. Den Neuhardter Nachrichten darf man besonderen Einfallsreichtum zuschreiben, wenn es darum geht, im berühmt-berüchtigten

Sommerloch die Seiten mit Druckerschwärze zu füllen. Sie haben die Aktion „Rekord im Kübel" ins Leben gerufen. Wer die höchste Tomatenpflanze im Topf besitzt, gewinnt eine Reise nach Andalusien – und kann dort, würde ich mal sagen, deutlich schmackhaftere Tomaten futtern als aus dem eigenen Kübel. Doch bis der Sieger gekürt ist, tingele ich von Bewerber zu Bewerber und möchte am liebsten selbst kübeln. An dieser Stelle wird mich wohl keiner mehr um meinen Job beneiden. Ihr seht, mir bleibt nichts erspart. Ein wenig fühle ich mich wie ein abgehalfterter Schlagersänger, der sich für ein paar Euro fünfzig dazu herablässt, in Möbelhäusern aufzutreten. Dort trällert er seinen einzigen Hit als Playbackversion. Vor Omis, deren Lauscher eh nicht mehr mitmachen und die noch nie etwas von dem Barden auf der Bühne gehört haben.

Der Dornheimer Anzeiger, 12. September

Ermittlungen gegen Einzelhändler
Von Frank Holter
Sonnhaus – Die Beamten hinter der Soko Feuer scheinen sich ihres eklatanten Fehlverhaltens bewusst geworden zu sein. Nach der empörenden Razzia in der Redaktion des Dornheimer Anzeigers, die einem Angriff auf die Rechte der freien Presse gleichkommt, haben die Ermittler den Sportverein (SV) Sonnhaus und die lokalen Ladenbesitzer ins Visier genommen. Wie der leitende Kommissar Sascha Götz mitteilt, haben ein Beamter seines Teams und er sowohl den Vorstand des SV als auch die vier örtlichen Ladenbesitzer zum Feuer bei der Spedition Stern befragt. Bei dem Brandanschlag vor einem knappen Monat war der Hausmeister ums Leben gekommen und eine Lagerhalle völlig zerstört worden.
Bei den Selbstständigen nahmen die Ermittler ferner Einsicht in Akten des örtlichen Gewerberings. Details wollte Götz mit Blick auf die laufenden Ermittlungen nicht verraten. Der Dorn-

heimer Anzeiger geht davon aus, dass die Soko als ein mögliches Tatmotiv den Ärger auf Stern wegen des erweiterten Gewerbegebiets in Sonnhaus prüft. Die Ladenbesitzer waren davon ausgegangen, dass statt des Gewerbegebiets eine Fußgängerzone in Sonnhaus umgesetzt wird. Damit verbunden war die Hoffnung auf mehr Kunden und höhere Umsätze. Das Ganze ist allerdings schon neun Jahre her. Die Ladenbesitzer hatten damals zornig auf das Votum des Gemeinderats reagiert und Clemens Stern vorgeworfen, die Lokalpolitiker manipuliert zu haben. Der Gemeinderat argumentierte, die Entscheidung gegen die Fußgängerzone und für das Gewerbegebiet hänge mit der Chance auf mehr Arbeitsplätze zusammen, die mit der Bebauung weiterer Gewerbeflächen verbunden sei.

Was die Ermittlungen gegen den Sportverein betrifft, geht die Soko einem Zusammenhang mit einer Laufveranstaltung nach. Die evangelische Kirchengemeinde Sonnhaus plant ein solches Sportereignis am 10. Oktober. Der SV gehört nach unseren Recherchen zum Kreis der Skeptiker und könnte demnach ein Motiv dafür haben, einen Brand bei der Stern-Spedition zu legen. Unternehmer Clemens Stern trägt mit seiner Belegschaft dafür Sorge, dass alle Materialien für das Sportereignis rechtzeitig an ihren Bestimmungsort gebracht werden. Die Polizei geht davon aus, dass der Brandstifter durch das Feuer versucht haben könnte, den Gemeindelauf zu verhindern oder zu sabotieren. Auch unseren Verlag hatten die Ermittler dabei irrtümlicherweise im Verdacht, was zu der willkürlichen und empörenden Durchsuchung unserer Redaktionsräume führte.

Bildunterschrift: Volle Geschäfte: Eine Fußgängerzone hätte den Ladenbesitzern einen größeren Zulauf beschert. Gekommen ist sie nicht, stattdessen eine Erweiterung des Gewerbegebiets. Haben die Geschäftsinhaber damit ein Motiv, bei Stern einen Brand zu legen? Archivfoto: Pesch

Mein lieber Herr Gesangsverein, jetzt will es Götz aber wissen. Keine Ahnung, ob die Ladenbesitzer tatsächlich Leichen im Keller haben. Wer welchen Groll gegen Stern hegt, kann ich nicht beurteilen – das war vor meiner Zeit. Auf mich hat er während der Trauerfeier für den armen Maler jedenfalls einen angenehmen Eindruck gemacht. Ich gebe aber offen zu, dass ich auch nicht der beste Menschenkenner bin, hinter die Fassade blickt man ja doch nie.

Insofern hoffe ich, dass ich nach den ersten acht Monaten mit Mark nicht noch ein böses Erwachen erlebe. Er ist der Traumprinz schlechthin. Gestern zum Beispiel hat er mich nach der Jungschar vor dem Gemeindehaus überrascht, schelmisch gegrinst und auf seinen Picknickkorb im Wagen gezeigt. Er hat mich zum nächsten Badesee entführt, wo wir es uns gut gehen lassen haben. Mit ihm ist alles so leicht und unbeschwert, so kann es wegen mir gern noch viele Jahre weitergehen.

Jetzt bin ich schon wieder auf meinen Prinzen zu sprechen gekommen. Wahrscheinlich redet man lieber über die schönen statt über die unerfreulichen Dinge des Lebens. Doch ich will auch diese nicht ausblenden. Zurück also zu den Ermittlungen. Viel wichtiger als die Befragung der Ladenbesitzer ist für mich und meine Arbeit Götz' Besuch beim SV.

Bei dem Part weiß ich mehr als der Dornheimer Anzeiger. Alle Achtung übrigens, dass das Blatt wieder über unsere Laufveranstaltung berichtet, nachdem es sich vorher so abschätzig über unser Projekt geäußert hatte. Gut, ich will mich nicht zu früh freuen. Möglicherweise haben die Schreiberlinge das ja nur getan, weil sie sonst die möglichen Tatmotive der SV-Verantwortlichen dem Leser nicht hätten erklären können. Ich sollte auch deshalb den Tag nicht vor dem Abend loben, weil mir aufgefallen ist, dass die Zeitung keine kirchlichen Veranstaltungen mehr in ihren Terminkalendern listet – weder in der Print- noch in der Online-Ausgabe. Pfarrer Seegers und

Conny finden das alles andere als lustig, ich finde es ebenfalls uncool.

Nun aber zu meinem Informationsvorsprung: Der SV ist nicht nur ins Visier der Soko gerückt, er hat auch schon darauf reagiert. Ein erster Kopf musste rollen – Gerlinde Frohmuts. Es schickt sich nicht, das zu sagen, aber ich bin froh darüber. Die Tussi hat mich und meine Anfragen nach Unterstützung bei der Lauforganisation völlig ignoriert. Keiner von uns konnte sich so recht einen Reim darauf machen. Vom Hörensagen her weiß ich, dass es wohl um gekränkte Eitelkeiten geht – nach dem Motto: Was wissen die Gottesfürchtigen denn schon vom Laufen? Mädel, pass mal auf: Mehr als du denkst, wäre ich dann geneigt zu sagen. Sie ist sauer, dass der Gedanke, gemeinsam zu laufen, nicht ihrem Hirn entsprungen ist. Für Laufprojekte außerhalb der SV-Reihen kann es von ihr also nur Verachtung oder im besten Fall Ignoranz geben. Bin ich froh, dass sie nun ihren Posten räumen musste.

Ich weiß das alles so genau, weil Frohmuts Chef, der SV-Vorsitzende Streck, gestern bei Pfarrer Seegers war und ihm alles facettenreich geschildert hat. Streck hat sich mehrfach entschuldigt, dass er nicht über das, was sich in seinem Laden – seht mir die saloppe Formulierung nach – ereignet hat, im Bilde war. Demnach ist er aus allen Wolken gefallen, als plötzlich die Polizei bei ihm im Vereinsheim aufkreuzte. Im Lauf der Befragung wurde er immer wortkarger und blasser, als ihm dämmerte, dass seine ach so zuverlässige Leichtathletik-Chefin ihn und seine Arbeit hundsgemein sabotiert hatte. Denn ich weiß noch, wie mir mein Chef stolz berichtete, dass SV-Vorstand Streck ihm mit Blick auf den Gemeindelauf sofort seine Hilfe zugesagt hätte. Offenbar hatte er alles an die Spezialistin Frohmut delegiert – was ja auch verständlich ist, weil der Laufsport unter ihren Fittichen steht. Die hat sich im Hinblick auf den Gemeindelauf dann auf das konzentriert, was sie zweifellos am besten kann: nämlich darauf, die Hände in den Schoß zu legen.

Streck dagegen war im guten Glauben, alles gehe seinen Weg und der SV stelle nicht nur ein großes eigenes Team, sondern mobilisiere auch kräftig bei allen befreundeten Sportvereinen in der Republik. Als der gute Streck dann realisierte, dass Frohmut, statt ihm als Vorstand den Rücken zu stärken, mit unsportlicher Auflehnung glänzte, platzte ihm der Kragen. Und das will bei Streck – der für seine ruhige und besonnene Art bekannt ist – etwas heißen.

Das Fass zum Überlaufen bringt schließlich der überraschende Besuch von Kommissar Götz. Bei der Befragung wird Streck klar, dass die Soko schon im Verweigern der Unterstützung ein mögliches Motiv für einen Brandanschlag auf den damit betrauten Sportlogistiker sieht. Der Vereinsvorstand läuft purpurrot an. Er kann nicht hinnehmen, dass sein integrer SV ins Visier der Ermittler rückt. Im Sport gelten schließlich Fair Play und Kameradschaftsgeist. Er zitiert Frohmut zu sich und macht nicht viel Federlesens. Rote Karte, Platzverweis, tschüss, aus. Keine Bange, es hatte schon alles seine Ordnung. Auf einer eilig einberufenen Vorstandssitzung erhält er dafür grünes Licht.

Ihr glaubt gar nicht, welch großer Stein mir vom Herzen gefallen ist. Ich konnte mir partout nicht erklären, warum der SV nie auf meine Anrufe reagierte. Klar, ich hätte auch beim Vereinsheim vorbeischauen und mich schlaumachen können. Mag sein, dass ich nicht beharrlich genug war, vielleicht hätte ich das Gespräch lieber mit Streck als mit Frohmut suchen sollen. Aber ich hab mich dann auch mit der Erkenntnis zufriedengegeben: Man kann keinen zu seinem Glück zwingen.

Und abends war ich ja auch froh, wenn ich meinen verdienten Feierabend genießen oder läuferisch die Gegend unsicher machen konnte – am liebsten mit meinem Mark. Jetzt freue ich mich jedenfalls wie bekloppt, dass uns der SV in den letzten Wochen bis zum großen Tag noch nach Kräften unterstützen und in seinen Reihen sowie bei anderen Sportvereinen massiv mobilisieren will. Mal abwarten, was er damit noch erreichen kann. Ich bin auf alle Fälle zuversichtlich. Besser spät als nie.

Endlich. Es wurde auch Zeit. Ich wäre dem Doc vor Freude fast um den Hals gefallen, als er mir endlich die künstlichen Zähne auf die Titan-Implantate aufgesetzt hat. Die geschwollenen Backen und das inzwischen vertraute pelzige Gefühl nach den Spritzen können mir nichts anhaben. Nach der monatelangen Schmach mit dem bescheuerten, herausfallenden Provisorium genieße ich den Einzug der Dritten wie einen glorreichen Sieg – über wen auch immer. Der Doc kann meine Freude auch damit nicht trüben, dass er aufmunternd sagt: „Da können Sie wieder nach Herzenslust Hähnchenschlegel knabbern." Will er mich vergackeiern?

Okay, vielleicht weiß er, dass meine Jungs – die ich ja auch im Halbjahresrhythmus in seine Praxis schleppe – im Fast-Food-Lokal am liebsten über Chicken Wings herfallen. Ich versuche dann jedes Mal, meinen Ekel zu unterdrücken. Ich will den Lausbuben ja nicht alles vorenthalten, was ich zum Speien finde. Die eine oder andere kulinarische Sünde sehe ich ihnen gerne nach, solange ihre Beißerchen in Ordnung sind und sie sich ansonsten halbwegs ausgewogen ernähren. Das beginnt bei der Vesperbox für die Schule: Vollkorn und Vitamine sind für mich Pflicht.

Andere Eltern drücken ihren Kids fünf Euro in die Hand, nach dem Motto: Kauft euch in der Pause, wonach euch der Sinn steht. Das geht zugegebenermaßen schneller – und manchmal wünschte ich mir schon, ich könnte morgens alles beschleunigen. Es dauert eine Ewigkeit, bis Denis und Louis angezogen sind, ihre Cornflakes gefuttert und ihre Vesperbrote eingepackt haben. Der liebe Herr Gemahl ist dann ja schon längst im Büro – also bleibt alles an mir hängen. Vor allem beginne ich dann nervös zu werden, weil ich selbst ja auch noch irgendwann mal bei Stern aufschlagen sollte. Gut, Clemens sieht es mir nach, wenn ich es nicht gebacken bekomme, um acht die Stechuhr zu betätigen. Dann holt man die Zeit halt ein andermal nach. Theoretisch zumindest – in der Praxis ist Clemens auch dann nicht päpstlicher als der Papst. Egal, ich meckere ja nicht. Ich will nur sagen, dass ich ab und an die Eltern beneide, die morgens alles schneller auf die Reihe kriegen.

Die Kids sollen aber nicht nur ein gesundes Essen bekommen, sondern auch gesund zur Schule kommen. Bin ich vielleicht erleichtert, dass die den Sittenstrolch gefasst haben – ihr wisst doch, der Typ mit dem Feldstecher, den mehrere Kids auf dem Schulweg gesehen haben. Na ja, was heißt gefasst? Er ist auf freiem Fuß, wird sich aber hoffentlich hundertmal überlegen, ob er es erneut riskieren will, sich irgendwelchen Kids zu nähern. Wie ich hörte, wird ihm die Polizei in den nächsten Wochen immer dicht auf den Fersen sein.

Irgendwie seltsam, dass ausgerechnet dieser Strolch etwas auf unserem Gelände beobachtet haben soll. Sonst ist kein einziger Hinweis eingegangen. Insofern kann man ihm glauben – oder eben auch nicht. Keine Ahnung, es findet sich niemand, der diese Beobachtungen bestätigt oder dementiert. Das Gewerbegebiet liegt ja auch etwas abseits. Und die Ausläufer des dazwischen liegenden Sonnhäuser Forsts schirmen es ab, machen es für die Gemeinde unmöglich, zu erahnen, was sich dahinter abspielt. Ist ja auch gut so, die Nachbarn sollen vom Fahrzeuglärm so wenig wie möglich mitbekommen. Das Image unserer Branche, ich habe davon berichtet, soll sich nicht noch weiter verschlechtern. Das Waldschwimmbad ist nicht allzu weit entfernt. Ausgeschlossen ist es also nicht, dass der Spanner dort vorher auf Beutezug gegangen ist. Wenn er es braucht: Soll er sich doch die Badenden in Großformat reinziehen. Die sind ja alle züchtig angezogen, den FKK-Bereich kann er auch vom Wald nicht einsehen.

Doch warum die komische Aufmachung? Warum verkleidet man sich als Pfarrer, um die Location auszubaldowern und um die Zeitungen dort zu deponieren? Es muss ja wohl eine Verkleidung sein, das unterstelle ich jetzt mal einfach. Seegers wird kaum in die Sache verwickelt sein, oder? Das wäre ja noch der

Knaller. Und der Einzige, der wirklich weiterhelfen und den Täter beobachtet haben könnte, hat das Zeitliche gesegnet. Sofern der gute Maler überhaupt etwas registriert hat – am Wochenende hat er sich meist die Kante gegeben. Und sonst war definitiv niemand auf dem Gelände. Clemens sieht keinen Anlass mehr, am Wochenende in die Firma zu schauen. Nicht dass er nicht arbeiten würde – doch inzwischen gibt es clevere Möglichkeiten, Monatsabrechnungen zu sichten oder Offerten für Kunden zu erstellen. Im Tablet-Zeitalter geht das bequem vom Sofa von zu Hause aus. Seine Lieben werden es Clemens wohl danken.

Clemens selbst tut sich ebenfalls schwer, der Variante des Sittenstrolchs zu glauben. Dass dieser dem unechten Pfarrer folgt, weil ihm dessen Auftritt im Kleinlaster suspekt vorkommt, kann man noch glauben. Dass er dann aber nicht mal den Fahrzeugtyp oder das Kennzeichen notiert, ist dagegen unwahrscheinlich, zumindest nicht unbedingt konsequent. Der Voyeur ist ja nicht mal in der Lage, zu beschreiben, ob es ein Lieferwagen oder ein großer Transporter und ob es eine Personenvariante mit Fenstern oder eine Cargo-Ausführung mit Blechverkleidung war. Und allein durch einen weißen Transporter können wir keinerlei Rückschlüsse ziehen – kein Firmenlogo, nichts. Das kann genauso gut ein Kurierfahrzeug wie eine Handwerkerkutsche oder sogar ein Pkw für eine Großfamilie sein.

Unsere Kleinlaster – eine Handvoll haben wir neben unserer schweren Lkw-Flotte – haben dagegen einen anständigen Auftritt. Soll heißen: rot lackiert, blauer Stern und Schriftzug drauf. Die würden jedem auffallen – auch bei einer Straftat. Hoffen wir, dass sie in eine solche nie verwickelt werden. Clemens kommt es jedenfalls auch merkwürdig vor, dass sich auf die Aufrufe der Polizei oder der Zeitung niemand meldet.

Was die Zeitung angeht, ist das Gebaren der beiden hiesigen Titel zunehmend befremdlich. Der Dornheimer Anzeiger verurteilt die Laufveranstaltung erst aufs Schärfste und schweigt sie dann tot. Dann plötzlich, als er selbst ins Fadenkreuz der Ermittler rückt und die eigene Redaktion durchsucht wird, meldet er sich wieder zurück. Das soll einer verstehen. Clemens bildet sich ein, die Hintergründe halbwegs begreifen zu können. Er glaubt, dass das Laufevent für die beiden Zeitungshäuser nur ein willkommener Anlass ist, um erneut das Kriegsbeil auszupacken. Clemens sagt, jeder wünsche den anderen zum Teufel, um in Zeiten schrumpfender Auflagen dessen Leser und Anzeigenkunden übernehmen zu können. Er wird's beurteilen können: Clemens kennt beide Streithähne, also sowohl den angriffslustigen Ringhaus als auch den smarten Bärik. Ob auf Bällen, Empfängen oder Wohltätigkeitsgalas: Ich würde schätzen, dass sich die hiesigen Wirtschaftsbosse bestimmt ein Dutzend Mal im Jahr treffen. Er hat sich da wohl etwas durch den Kopf gehen lassen und mir mit einem Augenzwinkern mitgeteilt, dass er die beiden demnächst mal auf eine Tasse Kaffee besuchen wolle, hintereinander natürlich.

Die genehmige ich mir jetzt auch, schön stark, damit ich weiter berichten kann. Eine Wohltat! Also, als ebenso wohltuend wie mein Heißgetränk empfinde ich es, dass Marie wieder im Rennen ist. Sie legt sich für ihr Baby Gemeindelauf mächtig ins Zeug. Darüber bin ich unendlich froh. Sie hat sich eine reizvolle Strecke ausgedacht, ich bin sie mal abgeradelt. Zum Laufen kann ich mich nicht überwinden. Muss ja auch nicht sein, es reicht, wenn ich das Event halbwegs organisiert bekomme.

Denn langsam wird es ernst, der Countdown läuft unbarmherzig. Es sind nur noch wenige Tage bis zum Tag X. Nur noch zwei Wochen. Doch es sieht alles recht gut aus. Lange, sehr lange haben sich die Sonnhäuser darauf beschränkt, andere zu motivieren. Sie waren wohl scharf auf die Prämie für drei geworbene Läufer. Von den Gutscheinen für Einkäufe in den lokalen Geschäften werdet ihr gehört haben. Clevere Idee, finde ich. Und nun – endlich, kurz vor knapp – melden sich auch die Sonnhäuser in Scharen an. Irgendwas hat die Sportsfreunde vor Ort wohl bislang gehemmt. Oder vielleicht eher irgendjemand: Denn wie mir Marie erzählte, hat die verantwortliche Lauftante beim SV alles sabotiert. Durch ihr großes Netzwerk scheint sie auch andere erfolgreich von ihrem Laufglück abgehalten zu haben. Doch Gott sei Dank hat ihr Chef ein Machtwort gesprochen, und die Tante ist nun weg vom Fenster. Seitdem tröpfeln stündlich neue Anmeldungen rein.

Dass der SV nun im Boot ist, hat einen weiteren positiven Nebeneffekt: Wir müssen keine teuren WC-Wagen kommen lassen. Dort geht meist schon nach einer Stunde das Wasser aus und es stinkt zum Himmel. Duschzelte brauchen wir auch nicht. Denn der SV hat das Bedürfnis, neues Vertrauen aufzubauen, und stellt uns seine moderne Turnhalle mit großem Duschbereich und genügend Toiletten zur Verfügung. Für uns ist das die ideale Fügung. Die Halle nutzen wir dann für die Ausgabe der Startunterlagen und als Location für eine kleine Laufmesse. Die örtlichen Einzelhändler sind allesamt in irgendeiner Form dabei. Corrado Morani macht dabei wohl das meiste Geld locker. Er wittert als Betreiber des lokalen Schuhgeschäfts gute Geschäfte. Natürlich wird er dann keine Mailänder Edelmarken anschleppen. Er wird seine Sportschuhe ausstellen und vorher noch ordentlich Ware dazukaufen.

Und logisch, ihr seid neugierig, wie viele Läufer nun am Start sein werden. Das kann ich euch genau beziffern: Nach heutigem Stand wollen 7.294 Läuferinnen und Läufer dabei sein. Die PR in Zeitungen, Magazinen sowie die Mundpropaganda und vor allem die Prämienaktion haben also gegriffen. Und irgendwann kommt man zu dem Punkt, wo sich Herr X sagt: „Donnerwetter, mein ganzer Bekanntenkreis schmeißt sich ein Laufshirt über, da muss ich zwingend auch dabei sein." Angst vor sozialer Isolation würde ich das wohl nennen. Auch dieser Faktor kommt uns nun zugute.

Wie immer bei solchen Läufen sind die Herren der Schöpfung deutlich in der Überzahl, rund drei Viertel sind männlich, ein Viertel weiblich. Was die Disziplinen betrifft, ist – wie nicht anders zu erwarten, weil weniger anspruchsvoll – der Zulauf zum Zehn-Kilometer-Lauf deutlich höher. Rund 6.300 Teilnehmer sind für die kürzere Strecke gemeldet, der Rest will keine halben Sachen machen. Nun ja, das Bild stimmt nicht ganz. Denn auch ein Halbmarathon ist ja eine halbe Sache.

Das anstehende Event ist nun auch in der Spedition Stern zum Topthema geworden, es ist Chefsache. Clemens hat einen morgendlichen Jour fixe mit mir und meinem Team einberufen, über mögliche Störungen will er sofort informiert werden. „Das muss alles absolut perfekt über die Bühne gehen. Wo Stern draufsteht, darf es nur Sternstunden und keine bösen Überraschungen geben", sagt er. „Wenn irgendetwas schiefgeht, machen wir uns zum Gespött."

Plötzlich bin ich seine wichtigste Mitarbeiterin. Ich habe Zugriff auf alle Azubis in der Firma – immerhin 30 an der Zahl – und bin damit vorübergehend eine Stufe über der Ausbildungsleiterin angesiedelt. Keine Frage, dass ich diese Chance auch nutze und alle Azubis – vom angehenden Berufskraftfahrer bis hin zum Bachelorstudenten im Bereich Spedition und Logistik – für die Veranstaltung verpflichte. Dass mir die Jungs und Mädels nur nicht plötzlich krank werden. Ich brauche sie alle, zum Absperren und Markieren der Wege, als Streckenposten, für die Ausgabe der Startnummern, der Getränke unterwegs, als Kümmerer – und fragt mich nicht, für was noch alles.

So schlecht ist mein Gewissen nicht, obgleich ich die Jungs und Mädels am Sonntag von ihrer Freizeit abhalte. Denn ich denke, der Job wird ihnen Spaß machen. Außerdem hat Clemens angeregt, die Azubis mit reichlich Verzehrgutscheinen und Getränkebons auszustatten, von ihm aus auch für ihre ganzen Freunde. Die Kalkulation gibt das laut Marie her. Von den Teilnahmegebühren bleibt wohl genügend hängen, auch wenn die Kirche einen gewissen Teil der Gebühren für die lokalen Ladenbetreiber im Rahmen der Prämienaktion abzweigen muss. Den Geschäftsinhabern soll durch die Aktion ja kein Nachteil entstehen.

Wir sind mit unserem fünfstelligen Betrag, den wir der Kirche belasten, der größte Posten. Ich muss die Summe an dieser Stelle ja nicht bis auf die Kommastelle nennen. Dann folgen das Catering und unser Dienstleister für die Zeitmessung. Glücklicherweise nutzt der nicht den gelben Plastikchip, den man umständlich in die Schnürung seiner Schuhe einflechten muss, sondern praktische Transponder. Die muss man nur noch am Klettband um die Wade wickeln, eine Sache von fünf Sekunden. Danach folgen die Ausgaben für die Funktionsshirts. Jeder Teilnehmer darf eines mitnehmen. Wir haben großzügig 10.000 in unterschiedlichen Größen geordert, hoffen wir also, dass noch ein paar Anmeldungen reinflattern. Glaubt mir, die sind hübsch geworden. Die Kartons stehen längst in unserem Lager bereit, ebenso der Torbogen, den wir uns bei einer Agentur geliehen haben.

Und dann kann es auch schon losgehen. Zum Tag X werden wir 19 Wechselbrücken vor der Sporthalle aufstellen. Das sind praktische mobile Lager. Man kann die rund sieben Meter langen Einheiten entweder auf den Lkw wuchten oder sie bequem auf dem Boden abstellen, indem man ihre Stützbeine ausfährt. Beim Gemeindelauf nutzen wir sie primär als Lager. Die Läufer können dort ihre Turnbeutel mit ihren Wechselklamotten und ihren Duschsachen deponieren. Die Halle des SV reicht uns dafür nicht aus.

Warum gerade 19 Brücken? Das war Clemens' Idee. Auf jede will er einen Buchstaben kleben, zwei braucht er zwischen den Worten für die Leerstellen. Er stellt sich vor, dass die riesigen Lettern auf den Wechselbrücken den Spruch „Geht aufeinander zu" bilden. Die Aussage passt zum Anlass der Laufveranstaltung. Sie signalisiert den Besuchern, dass sich zwei evangelische Gemeinden aufeinander zubewegen. Das ist der Beginn einer hoffentlich erfolgreichen Zusammenarbeit. Dann hat Clemens mir bedeutungsschwanger angedeutet, dass das Zitat auch noch in anderer Hinsicht passen könnte. Ich bin schon froh, dass es bei mir wieder für den Slogan „Beißt aufeinander zu" reicht. Meine Kiefer finden wieder schmerzfrei zusammen. Endlich wieder bedenkenlos zubeißen zu können, ist ein Segen!

Teil III

Eingeholt von der Vergangenheit

Kapitel 9

Die Gemeindereferentin

Als ich nach Hause komme, steht Jens an der Tür. Ich kehre zurück von meiner Halbmarathonstrecke. Der Strecke, die ich als solche für die Teilnehmer des Gemeindelaufs definiert habe. Heute war ich allein unterwegs, von einigen Hundebesitzern und den üblichen Spaziergängern mal abgesehen. In anderthalb Wochen werden mich Tausende auf dieser Strecke begleiten. So richtig kann ich mir diese Szenerie noch gar nicht ausmalen, die innere Anspannung wächst.

Es kommt mir wie eine Ewigkeit vor, seit wir die ersten Schritte in Richtung Laufveranstaltung gemacht haben. Können wir ein solches Großereignis stemmen, schaffen wir es, hinreichend dafür zu begeistern? Können wir das finanzielle Risiko überblicken und begrenzen? Ich bin so dankbar, dass wir alle Fragen mit einem „Ja" beantworten können. Alle Ausgabeposten sind gedeckt. Für Speis und Trank müssen die Sportler extra aufkommen – hier werden wir also keinen Schiffbruch erleiden.

Es kommt mir so vor, als sei auch die Zeit mit Jens eine Ewigkeit her. Es liegt Monate zurück, dass ich ihn das letzte Mal gesehen habe. Mein Glück mit Mark und mein großes Projekt in der Gemeinde füllen mich aus. Zum Nachdenken komme ich kaum. Ich bin eh nicht der Typ Mensch, der ständig seine Lebensabschnitte Revue passieren lässt und bewertet. Es ist gut, wie es ist – und fertig.

„Du hier?", frage ich. „Marie, ich grüße dich auch", sagt er. „Sorry, bin halt nur überrascht", entgegne ich. Als ich ihm ins Gesicht blicke, realisiere ich, dass ihn irgendetwas beschäftigt. Sein Blick wandert unruhig durch den Flur. „Kann ich kurz reinkommen?", fragt er. Ich schließe auf und mache eine einladende Handbewegung. „Mein Reich."

Ich bitte Jens Platz zu nehmen und um einen Moment Geduld. Ich sehne mich nach Wasser – erst unter der Dusche, dann gegen den Durst. Meine Laufschuhe habe ich vor der Tür abgestellt, strümpfig marschiere ich zum Badezimmer. Ich spüre, dass Jens mir hinterherblickt, was mich beunruhigt. Überhaupt bin ich irritiert, dass er aus heiterem Himmel auftaucht. Hat er sich so weit wieder gesammelt, kann man wieder sachlich mit ihm reden? Ich erinnere mich nicht gern an die Zeit nach dem Auftritt von The Kids. Ganz Meutingen hat sich über Jens das Maul zerrissen. Der Kübel war wohl die richtige Maßeinheit, in der er Hohn und Spott über sich ergehen lassen musste. Doch viel schlimmer waren die Forderungen des Bandmanagers, der sich den Auftritt teuer bezahlen lassen wollte. Statt wie erhofft für die Stadt eine Riesensause auf die Beine zu stellen und damit noch den großen Reibach zu machen, hat sich Jens komplett ruiniert.

Doch das war kein gesponnener Alleingang. Jens hatte eine Handvoll Mitstreiter, die das Open-Air-Konzert unbedingt mit ihm umsetzen wollten. Sie hatten die ehrbare Absicht, der Jugend etwas zu bieten, einmal so richtig Party zu machen. Ich hab mich ebenfalls von Jens' Begeisterung anstecken lassen und war mindestens genauso überrascht, als der Bandmanager sich plötzlich meldete und sich nach den Details eines Gigs in Meutingen erkundigte: Art der Bühne, erwartete Zuschauerzahl, Möglichkeiten der Anreise und Übernachtung. Musiker sind ja ein eigentümliches Völkchen. Die haben genaue Vorstellungen, wo und wie sie nächtigen wollen.

„Schatz, dir ist ein Wahnsinnscoup gelungen. Warte mal ab, wie dich die Stadt und die Presse feiern werden", sagte ich. Doch nach der kurzen Zugabe – die zwei größten Erfolge plus eine rockige Coverversion von „In the Ghetto", wahrscheinlich eine Anspielung auf die Pampa, in die ihr Manager sie entführt hatte – sprach die ganze Welt nur noch über die Kosten des Ganzen. „Größenwahn" oder „Waterloo" waren wohl die am häufigsten verwendeten Begrifflichkeiten. Niemand erwähnte mehr, dass die örtliche Jugend das Konzert ihres Lebens erleben durfte und eine der erfolgreichsten Rockbands einen Abstecher nach Meutingen gemacht hat. Nein, es ging nur noch ums Geld. Und den erwähnten Mitstreitern wohl nur darum, möglichst schnell das Weite zu suchen. Jens habe die Verträge allein unterschrieben, er müsse das nun ausbaden, argumentierten sie. Hätte Jens mit dem Konzert etwas verdient, wären die Kollegen die Ersten gewesen, die ihren Teil vom Kuchen eingefordert hätten. Darauf wette ich.

Auf seine Open-Air-Freunde konnte Jens also nicht mehr zählen, er musste allein wieder aus der Nummer raus. Doch auch Geldprobleme lassen sich irgendwie lösen – man muss nur wollen. Viel schlimmer aber war das unendliche Selbstmitleid, in dem Jens zerflossen ist. Wer gewagt hat, ihn zu ermutigen oder dazu zu bewegen, sich der Sache zu stellen, um Schadensbegrenzung zu betreiben, konnte sich auf eine garstige Reaktion einstellen. „Du hast gut reden" oder „Ist dir eigentlich klar, in welchem Schlamassel ich sitze?" waren wohl die Standardantworten.

Etliche Leute haben sich in dieser Zeit von Jens abgewandt. Auch unsere Beziehung ist zerbrochen. Es war so aussichtslos, ihn aufzumuntern. Jens wollte sich von niemandem helfen lassen. Und sorry, irgendwann kann man das ewige Klagelied nicht mehr hören. Es muss doch irgendwie weitergehen, irgendeine Tür öffnet sich immer. Klar, ein paar wenige Freunde halten weiter zu ihm, seine Familie sowieso.

Das habe ich ihm so nicht zu sagen gewagt, aber im Grunde musste er sogar noch dankbar sein. Denn nicht ganz Meutingen reagierte schadenfroh. Sein Arbeitgeber hat ihm Überstunden ohne Ende ermöglicht, damit er sich etwas dazuverdienen konnte. Sein Vermieter erklärte sich bereit, die Miete vorübergehend zu reduzieren. Das sei ihm lieber als der ganze Aufwand, der mit der Suche nach einem möglichen Nachmieter verbunden sei. „Es ist nicht verwerflich, in Not zu geraten. Verwerflich ist es, wenn man nichts unternimmt, der Not zu entrinnen", sagte der Vermieter stets. Doch Jens schien immun gegen die offensichtlichen Anspielungen.

Ich habe gesagt, dass ich nicht der Typ Mensch bin, der ständig zurückblickt. Also bin ich auch nicht der Typ Mensch, der sich immerzu Vorwürfe macht oder von Schuldgefühlen geplagt wird. Ich hätte Jens aber zumindest früher zurückrufen oder es nach den erfolglosen Versuchen weitere Male probieren können, sage ich mir, als ich mich trocken schrubbe und nach der Bodylotion Ausschau halte. Er sagte, es sei dringend.

Die Körpermilch habe ich hastig aufgetragen. Die Dose mit der Gesichtscreme bringe ich ins Wohnzimmer mit. „Steigert spürbar Ihr Wohlbefinden", verspricht der Slogan darauf. Als ich ins Wohnzimmer komme, betrachtet Jens das gerahmte Bild mit Mark und mir auf der Kommode. „Bist du glücklich?", fragt er. „So glücklich, dass du nicht mal zwei Minuten für einen Rückruf hast?" Ich sage, dass es mir leid tue – viel zu tun, die üblichen Floskeln eben. Mir ist klar, dass ihm das kein Trost sein wird. „Aber jetzt bist du ja da", sage ich. „Jetzt ist es zu spät", erwidert er.

Noch immer hat sich seine Unruhe nicht gelegt. Jens' Augen können nicht einen Augenblick lang ein Objekt fixieren, ständig gehen sie auf Wanderschaft. Er hat abgenommen, trägt einen viel zu weiten Kapuzenpulli, den er eigentlich schon ausmustern wollte. Er wippt ständig mit seinen Beinen – eine Marotte von ihm. Nun aber scheinen die Beine gar nicht mehr zur Ruhe zu kommen. Offenbar will er meine Reaktion abwarten. Ich frage, was das heißen soll – zu spät? „Marie, ich war es. Ich habe das Feuer gelegt." Die Dose mit der Gesichtscreme fällt mir aus der Hand. Der Deckel macht sich selbstständig. Aus dem unteren Dosenteil schwappt ein Teil der weißen Creme über die Armlehne meines neuen Sofas.

Endlich bin ich wieder bei meiner gefiederten Freundin Charlotte. Sie schnäbelt zufrieden mit einem ihrer Gäste und hat dabei ein Beinchen behaglich ins Federkleid gezogen. Die Wellensittiche an den verschiedenen Tischen zwitschern lustig ihre Weisen und picken nach ihren körnigen Backwaren auf den Schälchen vor ihnen. Für die Tischdeko hat sich Charlotte etwas Besonderes einfallen lassen: Vasen mit jungen Tomatensetzlingen. Drum herum sind jeweils eine Handvoll Cherrytomaten gruppiert.

Stopp. Cut. Schnitt. Zugeben, ich fabuliere. Ich versuche nur, meine heutigen Erlebnisse bei Charlotte vernünftig zu verarbeiten. Noch ist kein Cognac im Spiel – und trotzdem ist das ganze Café gefüllt mit grünen Sittichen als Gäste. Macht euch um mich weiter keine Sorgen. Aber die Aktion „Rekord im Kübel" treibt mich so langsam in den Wahnsinn, in jedem Fall aber zu ihrem für meine Begriffe bisherigem Höhepunkt.

Ich klingele also an einem Sonnhäuser Siedlungskomplex mit dem trostlosen Antlitz der Siebzigerjahre. Ein freundlicher Rentner in Hosenträgern begrüßt mich mit den Worten „Guruu, guruuu." Noch ehe ich mich darüber wundern kann und ich dem Gastgeber artig in sein Reich folge, knipst er das Licht aus. „Guruu, guruu" möchte ich am liebsten denken – was hat der Kerl nur vor? Er steigt auf das Sofa und pflückt einen possierlichen Wellensittich von der Gardinenstange, stopft ihn in den Käfig und wiederholt diesen Vorgang insgesamt vier Mal. Dass es sich um grünes Federvieh handelt, realisiere ich, als das Licht wieder angeht. Schon ertönt ein zufriedenes „Guruu, guruu" und der Versuch einer Erklärung. „Sonst würden mir die Kerlchen abhauen", sagt er und ich erkenne, dass der Wortschatz von Kübel-Klaus größer ist als erwartet.

Er macht die Balkontür auf und zeigt auf seinen ganzen Stolz: eine Pflanze, die zweimal so groß wie ihr Besitzer ist und dem Besucher Unmengen von Cocktailtomaten entgegenhält. „Habe ich zu viel versprochen?", fragt Kübel-Klaus. Um seiner Freude Ausdruck zu verleihen, haucht er seiner Tomatenstaude zärtliche Liebesbekundungen entgegen, von denen Schnuckitomati wohl die harmloseste ist. „Nöö", sage ich und versuche, das Ganze schnell hinter mich zu bringen. Die Situation raubt mir die Luft, die Pflanze droht, sich um meinen Hals zu legen und mich zu würgen. Nur schnell die Nikon auspacken und Kübel-Klaus vor seiner Schnuckitomati ablichten. Nix wie weg zu Charlotte. „Guruu, guruu", murmele ich, als ich die Vogelvoliere passiere.

Als ich bei Charlotte mein Cognacglas schwenke, sinniere ich über eine Analogie, die mir schon bei der Rückfahrt durch den Kopf gegangen ist. Verkörpern die vier Wellensittiche womöglich die vier Gewerbetreibenden, die nach außen hin immer gut gelaunt sein mögen, über denen aber ein dunkler Schatten liegt? Welche Rolle spielen dann die Tomaten? Stehen sie für das Feuer bei Stern, und Kübel-Klaus ist Sascha Götz, dessen Aufgabe es ist, Verbindungen zwischen den unterschiedlichen Ereignissen herzustellen? Wenn ich da mal nicht auf der richtigen Spur bin … Doch ich werde einen Teufel tun und Charlotte mit den Ergebnissen meiner Kombinationsgabe konfrontieren. „Jan, du hast doch einen Knall", würde sie sagen.

Außerdem will ich nicht weiter bei Charlotte bohren. Ich bin schließlich kein gewerbsmäßiger Schnüffler, nur Fotograf. Sie hat mir ihr Vertrauen geschenkt, mir alles berichtet, da will ich sie nicht vor den Kopf stoßen. Dass sie heute wieder einen halbwegs entspannten Eindruck macht, bedeutet auch, dass es offensichtlich keine weiteren Besuche der Soko oder gar eine zweite Krisenrunde zwischen den Gewerbetreibenden gegeben hat. Aus dem Umfeld von Götz ist mir zu Ohren gekommen, dass weitere Spuren geprüft werden – so auch das Wettbewerbsumfeld von Stern. Neid und Missgunst gibt es in jeder Branche, warum sollte es in der Logistikbranche anders sein? Das dürften jedoch zähe Recherchen werden, wenn es keinen konkreten Ansatzpunkt für Ermittlungen gibt.

Die Polizei hat sich ohnehin noch nicht mit Ruhm bekleckert. Sie hat noch kein nennenswertes Ermittlungsergebnis. Der Druck wächst, also muss sie alle Optionen prüfen, wie es so schön heißt. Der Brandanschlag liegt schon mehr als zwei Wochen zurück. Und da es seitdem keine weiteren Entwicklungen gibt, schweigen sich derzeit auch die beiden Blätter in der Region über die Sache aus. Also klatscht man Bildergeschichten über in die Höhe geschossene Tomatenstauden auf die Seiten. Guruuu, guruu, das wird die Leserherzen erfreuen.

Die Gemeindereferentin

„Jens, sag, dass das nicht dein Ernst war!" Doch Jens weicht meinem Blick aus und schaut nach der heruntergefallenen Cremedose. Er hebt sie auf und reicht sie mir. Ich entreiße sie ihm und schleudere sie gegen die Wand – erneut in Richtung der eingerahmten Zypressenallee. „Wir hatten es dort schön, was?" – Ein verzweifelter Versuch von Jens, mich zu besänftigen. Oh ja, wir hatten es schön. Es hat uns in ein kleines Appartement in einer quirligen Küstenstadt verschlagen. Was haben wir sie genossen, die sommerliche Unbeschwertheit zweier Verliebter, unter dem Dach der duftenden Pinienzweige, die uns gleichzeitig vor der sengenden Mittagssonne schützten. Die Vermieter haben uns bei unseren Erkundungen und Ausflügen ins Umland mit Insidertipps versorgt, die jeden Reiseführer überflüssig machten. Doch das alles ist nun weit weg. Ich strenge mich an, diese Erinnerungen auszublenden. Jens, bitte!

„Marie, es tut mir so leid", platzt es aus ihm heraus. Das glaube ich ihm, Jens mag zu Kurzschlussreaktionen neigen, wenn Wut oder Ärger ihn übermannen. Er ist aber keinesfalls gewalttätig. Und wenn ich ehrlich bin, traue ich ihm noch immer nicht zu, dass er einen Brand gelegt haben soll. Im Lauf des Gesprächs merke ich jedoch, dass ich seinen Worten Glauben schenken muss.

„Ich wollte denen doch nur einen Schrecken einjagen, einen Denkzettel verpassen, wenn du es so willst", sagt er. „Denen" heißt in dem Zusammenhang: dem Dornheimer Anzeiger. Jens sagt, er sei sich sicher, dass der Verdacht nach der negativen Vorberichterstattung über die Pläne für das Laufevent sofort auf den Verlag fallen würde. „Wie könnte man die Sache geeigneter sabotieren als durch einen Brand beim ausführenden Unternehmen?" Ich sage dazu nichts – weder, dass ich selbst bis zum Anschlag in das Laufgeschehen eingebunden bin und allein deshalb schon solche Sabotageakte ablehne – noch sage ich, dass die abgefackelte Halle ohnehin keine Rolle bei den Laufvorbereitungen gespielt hat. Jens wird ja gelesen haben, dass es sich um das Stückgutlager handelte.

Er erklärt mir, dass der Artikel ihn wieder in seine überwunden geglaubte Schmach hineinkatapultiert habe – jetzt, wo langsam Gras drüber wachse und er an seiner sozialen Rehabilitierung in Meutingen arbeite, wie er es ausdrückt. „In der Situation hat mir das Schmutzblatt völlig den Boden unter den Füßen weggezogen. Mir war klar: Die wollen mich fertigmachen, ein zweites Mal." Jens erklärt mir, dass er nicht stark genug sei, um diese Angriffe unter die Gürtellinie ein zweites Mal durchzustehen. „Also habe ich zum Gegenschlag ausgeholt. Ich wollte den Schweinen einen Brandanschlag in die Schuhe schieben, damit der Gemeindelauf abgesagt und nicht weiter in meiner Vergangenheit gewühlt wird."

Ich fühle mich getroffen. Jens wollte ganz offensichtlich auch mich in meiner Arbeit ausbremsen. „Sorry, aber warum hast du mich eigentlich nicht angerufen, wenn dir der Lauf so gewaltig stinkt? Und zu deiner Information: Mich haben sie doch ebenso durch den Schmutz gezogen." Jens entgegnet, dass er genau das ja getan habe. „Aber du wolltest ja partout nicht ans Telefon gehen – klar, romantische Verpflichtungen und so." Der Schlag sitzt, ich fühle mich schlecht, weil ich zu dem Zeitpunkt bei Mark war und Jens tatsächlich nicht zurückgerufen habe.

Mein Verflossener führt aus, dass der Plan nicht lange in ihm reifen musste. Einmal in Erwägung gezogen, wollte er sich nicht mehr davon abbringen lassen. Jens hat sich sogar darüber amüsiert, wie genial die Idee doch sei und wie einfach man seinem Gegner ein Verbrechen anhängen könne. Spätestens die Aschereste der Zeitungen würden die Ermittler zur Adresse des Ringhaus-Verlags führen. Für Jens war es ein Leichtes, sich Hunderte Ausgaben zu besorgen. Er wohnt in einem anonymen Mietshaus, in dessen Keller alte Zeitungen in Bündeln bis zur Abholung des Altpapiers gesammelt werden. Und falls Abfall geklaut wird, empört sich in der Regel keiner darüber. Jeder ist froh, dass er das Zeugs nicht mehr zum Container bringen oder zur Abholung vor der Tür bereitstellen muss.

Ein weißer Transporter und ein schwarzer Talar waren ebenfalls im Spiel. Der nicht unbedingt als glaubwürdig gehandelte Voyeur hatte also recht. Die Erklärung ist denkbar simpel: Jens hat sich lediglich den erstbesten Wagen und die erstbeste Verkleidung geschnappt. Das Firmenfahrzeug hatte er ohnehin übers Wochenende – ein in neutralem Weiß gehaltener VW Crafter. Das Fahrzeug ist baugleich mit dem bei jedermann bekannten Sprinter und lässt sich sicher eigentlich nur durch die bullige Front von seinem Geschwister mit dem Stern auf dem Motorgrill unterscheiden. Jens' Arbeitgeber, ein Großhändler für Sanitärteile, hat diese Fahrzeuge zur schnellen Belieferung der regional ansässigen Handwerker in einem guten Dutzend in seiner Flotte.

Und den Talar kramte Jens aus dem erstbesten Karton mit der Beschriftung „Fasching" aus seinem Kellerverschlag. Auch hier machte er sich wohl keinen Kopf darüber, dass er Pfarrer Seegers und damit gegebenenfalls unsere gesamte Kirchengemeinde in Schwierigkeiten bringen könnte. Okay, das darf man nicht zu hoch aufhängen. Mein Chef war, soweit ich das beurteilen kann, ja niemals ernsthaft als Verdächtiger im Visier der Soko.

Jens las in der Zeitung, dass die Spedition Stern die Veranstaltungslogistik übernommen hat, ihr Name war ihm ein

Begriff – ebenso ihr Standort. Also fuhr er gleich am Samstagmittag auf das Gelände. Zum einen, um die Gegend auszubaldowern. Also, um sicherzugehen, dass sich dort keiner aufhält und es keine Zeugen gibt. Zum anderen, um gleich die Zeitungen dorthin zu befördern. Um das Feuer zu legen, zog Jens am Abend dann die Fahrt mit dem weniger auffälligen Fahrrad vor. „So könnte ich zum Beispiel auf der Flucht auch als Badegast des nahen Freibads durchgehen", sagt er.

Trotzdem kann wohl keine Rede davon sein, dass er das Grundstück vollständig erkundet hat. „Du hast da leider jemanden übersehen", halte ich ihm entgegen. „Du hast den Hausmeister auf dem Gewissen." Jens läuft rot an, schluckt und murmelt: „Das habe ich niemals gewollt – ich hab noch an die Tür geklopft und war mir sicher, dass keiner zu Hause ist." Er habe ja nicht ahnen können, dass der Hausmeister zur Mittagszeit schon seinen Rausch ausschlafe und die Türklingel deshalb auch nicht höre.

Ich bin erstaunt über mich, wie distanziert ich den Bericht anhöre. Dabei rätselt die ganze Stadt, wer den Brand gelegt und Maler auf dem Gewissen hat. Der Verantwortliche steht vor mir, es ist mein Ex. Ich schlage ihm mit der flachen Hand ins Gesicht. „Du Feigling, du Mörder!" Eine für mich messbare Reaktion bleibt aus. Ich bin verstört und wütend. Doch was mache ich? Ich gehe meinem Instinkt nach und nehme Jens in den Arm. „Warum machst du nur so was Schreckliches?", frage ich. Er schweigt und versteht, dass die Frage nur rhetorischer Natur war. Soeben hat er mir schließlich sein Motiv genannt. Wir sitzen wortlos zusammen, sodass wir die Wanduhr ticken hören. Ich nehme meinen Arm von seiner Schulter und bereite uns zwei Tassen schwarzen Tee zu.

Warum er mir das alles berichtet habe, will ich wissen. „Weil ich das mit jemandem teilen musste, der mich versteht." Aus seinem Umfeld habe keiner registriert, dass ihn etwas belaste. Doch er müsse sich schon zusammenreißen, um sich nicht zu verplappern. Als er mit seinem besten Kumpel für einige Tage auf einem Musikfestival in der Schweiz war, wäre ihm das dunkle Geheimnis fast rausgerutscht. Das war wohl die Phase, in der ich ihn vergeblich telefonisch zu erreichen versuchte. „Was ist mit der Polizei?", frage ich. „Die haben nicht den blassesten Schimmer." Wenn er sich da mal nicht täuscht! Ich kann mir nicht vorstellen, dass die Beamten anderthalb Monate nach dem Brand sich ihm nicht schon an die Fersen geheftet haben. Ich ertappe mich dabei, dass ich immer wieder aus dem Fenster linse, als käme das Polizeiauto jeden Moment mit Blaulicht um die Ecke geschossen.

Der Fotograf

Ich bin rot angelaufen. Das ist kein Bluthochdruck. Ich mutiere zur Tomate. Wenn sich mein Aufgabenfeld nicht alsbald ändert, krieche ich reumütig zum Dornheimer Anzeiger zurück. Das sind zwar Volldeppen und Feiglinge, die haben in der Saure-Gurken-Zeit aber nicht kübelweise Schnapsideen. Die höchste Tomatenstaude, so ein Blödsinn. Für was sich meine Nikon schon alles hergeben musste. Früher war es eine exklusive Ehre, von ihr verewigt zu werden, heute mache ich schon mal Kompromisse. Bin ich froh, dass nächste Woche der Gewinner gezogen wird und die Aktion endet. Zum Glück ist die Saison Anfang Oktober dann auch endgültig vorbei. Nun baue ich auf den lieben Gott, dass er mir das Ganze nächstes Jahr nicht erneut zumutet, sondern mit einem reinigenden Gewitter rechtzeitig die komplette Tomatenernte vernichtet. Das wäre mir vielleicht eine Genugtuung! Oder ich erkläre das Projekt Tomatenbekämpfung zur Chefsache und kümmere mich selbst drum. Ich könnte Ende August zur Tomatina ins spanische Bunol düsen und mich bei Tomatenschlachten völlig verausgaben, verdient hätte ich mir den Spaß.

Ein Glück, dass nächstes Wochenende wieder etwas Prickelnderes als rotes Gemüse geboten wird. Pech für die Frauenwelt: Mädels, ihr werdet auf mich verzichten müssen, denn ich werde den kompletten Sonntag beschäftigt sein. Denn was lange währt, wird endlich gut: Der Gemeindelauf ruft, es schlägt die große Stunde meiner Marie mit dem Schraubenmund. Das Mädel hat sich vielleicht gemacht, kommt aus dem Nichts und verbreitet einen Virus, der Tausende ansteckt. Nun sind sogar Inserate in der Zeitung. Damit meine ich die Neuhardter Nachrichten, der andere Titel verschwendet weiterhin keine Zeile über das Event. Alle Akteure hinter dem Wettbewerb – die Kirchengemeinden, der Gewerbering und die Spedition Stern – haben Tausende Flyer verteilt, damit auch genügend interessierte Besucher zu der Großveranstaltung kommen, auch solche, die nur zuschauen wollen. Nur gucken ist auch erlaubt. Das ist wie bei der Frauenwelt. Gucken geht immer, für mehr müsst ihr fragen und eine Ohrfeige riskieren.

Die Gemeindereferentin

Ehe Jens geht, sage ich ihm, er solle aufpassen. Was auch immer ich damit aussagen will, ist mir selbst nicht ganz klar. Ich gebe zu, dass mich sein Bericht überfordert, der Schock muss sich erst mal setzen. „Was soll ich denn jetzt machen?", frage ich. „Das Richtige – hör in dich rein und entscheide dann." Jens dankt mir fürs Zuhören und für den Tee. „Sorry wegen des Überfalls."

In mich reinhören – du machst wohl Witze, sage ich mir. Ich weiß an dem Abend nicht mal, ob ich die Kraft und den Mut finde, Mark anzurufen. Nicht dass ihr das in den falschen Hals kriegt. Aber im Grunde bin ich froh, dass er heute Abend andere Pläne hatte. Jens hätte bestimmt das Weite gesucht, wenn er Mark und mich Hand in Hand gesehen hätte. Obwohl – wäre das nicht besser gewesen, wenn er keine Chance gehabt hätte, sich mir zu offenbaren und mich dermaßen zu belasten? Gerade jetzt, in den letzten Tagen vor dem Großereignis.

Ich entscheide mich, Mark erst am nächsten Tag anzurufen. Ich kann sagen, ich sei zu müde gewesen. Stimmt ja irgendwie auch.

Kapitel 10

Die Projektleiterin

Bald sind die letzten Brandspuren beseitigt. Die Abbruchfirma hat ganze Arbeit geleistet und unser verkohltes Stückgutlager dem Erdboden gleichgemacht. Wirklich viel zu tun hatte sie nicht mehr, da die Flammen ordentlich gewütet haben. Was dem Angriff standgehalten hat, haben die angerückten Abbruchsarbeiter sauber abgetragen und auf Tiefladern auf ihre Deponie verfrachtet. Mal sehen, was sie davon wieder verwenden können – die Stahlmatten und -pfeiler bestimmt. Ich schätze mal, dass das in Zeiten der Rohstoffknappheit gut an den Mann zu bringen sein wird. Wer weiß, vielleicht jubelt man das auch uns unter, wenn der Neubau ansteht. Der kommt schneller, als wir denken. Sobald die Laufveranstaltung über die Bühne ist, will Clemens zum Spatenstich bitten. Mit der Immobilien-Projektgesellschaft ist er sich bereits einig. Die abgebrannte Halle war ja noch nicht wirklich alt. Also kann man sich bequem am damaligen Bauplan orientieren. Hier und da ein paar Modifikationen, zum Beispiel eine neue Generation von Rolltoren, energiesparende LED-Lampen statt der bisherigen Neonröhren – und fertig ist das Ganze.

So kennen wir Clemens auch: Ihm kann es nicht schnell genug gehen. Ist ja auch nachvollziehbar: Der Umschlag im Behelfszelt funktioniert zwar halbwegs, ist aber doch erschwert und verschlingt mehr Zeit als eigentlich nötig. Ihr hört, ich spreche vom Behelfszelt und nehme das P-Wort bewusst nicht in den Mund, auch wenn ich jetzt vielleicht etwas lockerer bin, weil ich mit meinen Dritten wieder kraftvoll zubeißen kann – wie es so schön in der Werbesprache heißt.

Doch auch wenn man bald nichts mehr sieht – im übertragenen Sinne hat sich der Rauch noch nicht verzogen. Mir ist weiterhin nicht klar, warum die Jungs von der Soko so auf der Stelle treten. Jetzt hatten sie wochenlang Zeit, um alle möglichen Spuren zu sichten und auszuwerten, Leute zu befragen und Täterprofile zu erstellen. Wenn die Ermittler schon herausgefunden haben, dass die in Brand gesteckten Zeitungen Exemplare des Dornheimer Anzeigers waren, wird man doch in den Brandspuren auch noch weitere Hinweise entdeckt haben. Uns gegenüber machen Sascha Götz und seine „Feuer-Crew" jedenfalls einen etwas ahnungslosen oder überforderten Eindruck. Klar, sie haben die Einzelhändler befragt und im Umfeld des SV sowie des Ringhaus-Verlags geschnüffelt. Es gibt nun auch einen müden und wohl halbherzigen Versuch, unser Wettbewerbsumfeld zu scannen. Wer hat bei Ausschreibungen gegen uns verloren und könnte mit uns ein Hühnchen rupfen wollen? Igittigitt, an Geflügel will ich gar nicht denken.

Solchen Fragen wollen die Ermittler nun verstärkt nachgehen und haben daher in unserer Verkaufsabteilung um Ordner mit Offerten und um andere Unterlagen gebeten. Das sieht mir aber eher nach einer Verzweiflungstat aus. Nichts gegen Götz, aber ich bezweifle, dass er der Richtige ist, wenn es um das Beurteilen von Fracht-, Lager- oder Logistikpreisen geht. Wie hoch sind meine Betriebskosten, was kann ich mit gutem Gewissen anbieten, ohne draufzulegen? Die Polizei wird sich ordentlich reinfuchsen müssen, um aus den Unterlagen wirklich schlau zu werden. Schuster, bleib bei deinen Leisten. Soll sie lieber die Einhaltung der Lenk- und Ruhezeiten unserer Fahrer kontrollieren. Das kann sie wenigstens. Doch wir sind sauber – sie würde nichts finden.

Wir prüfen in alle Richtungen, heißt es immer so schön. Trotzdem: Mein Eindruck ist, dass Götz in einer Sackgasse steckt. Er sollte sich raushelfen lassen und den Mut haben, mit seinen Ermittlungen von vorn zu beginnen. Clemens hat bei seinem letzten Treffen mit ihm den Mut gehabt, ihn dahin gehend zu ermuntern. Doch Götz hat wohl relativ barsch reagiert und gemeint, er würde Clemens auch keine Empfehlungen geben, wie er seine Spedition zu führen hätte. Kurzum: leider völlig resistent gegen gute Ratschläge.

Wenn ihr mich fragt, haben sich die Ermittler viel zu sehr auf den Pastor im Transporter eingeschossen. Anders als in der Zeitung dargestellt, ging wohl doch der eine oder andere Hinweis bei Götz und seinen Jungs ein. Aber es war eben nichts Brauchbares dabei. Was hilft es schon, wenn Fräulein Fensterguck meldet, sie hätte da einen verdächtigen weißen Kleinlaster mit überhöhter Geschwindigkeit durch ihre Straße rauschen sehen. Das hält die Polizei nur auf, statt sie weiterzubringen.

Zum Glück gibt es auch positive Nachrichten: Vier Tage vor dem großen Sportereignis haben wir alle Hausaufgaben gemacht. Wir sind den Ablauf noch einmal minutiös durchgegangen. Das Ergebnis: Die komplette Logistik steht. Am Vorabend werden wir unsere Wechselbrücken vor die Turnhalle fahren und abstellen. Dort können die Läufer dann ihre Klamotten abliefern. Ebenfalls am Vortag werden wir Marie sämtliches Equipment abliefern – den Start- und Zielbogen, die Funktionsshirts und natürlich sämtliche Getränke für die Versorgungsstationen, Snacks wie Früchte und Energieriegel sowie die dafür benötigten Tische. Unser Dienstleister für die Zeitnahme wird am Sonntag rechtzeitig vor Ort sein, damit auch dort nichts anbrennt. Die Bänder mit den integrierten Transpondern hat er uns schon zugeschickt, sodass wir bereits alle Läufertaschen vorbereiten konnten.

Klar, dass auch alle Sponsoren die Chance nutzen, dort noch ordentlich Werbematerial reinzupacken. Corrado Morani wollte Prospekte von superschnellen Sportschuhen drinhaben – mit dem Hinweis versehen: Exklusiv für Teilnehmer des Gemeindelaufs – zehn Prozent Rabatt auf jeden Schuh. Der Buchhändler Dr. Randolf Weckmann hatte wohl den gleichen Einfall und ebenfalls einen Prospekt über Neuerscheinungen von Büchern und E-Books beigelegt. Ein Schelm, der Böses dabei denkt – wahrscheinlich haben sich die beiden einfach abgesprochen. Die Taschen stellt Clemens, er fand die Idee pfiffig, darauf sein Stern-Logo zu setzen, ergänzt um das Motto: „Mit uns bleiben Sie in Bewegung. Spedition Stern." Die Leinentaschen sind rot gefärbt und sehen teurer aus, als sie waren.

Und logisch, dass wir zusammen mit Marie Bachmann noch einmal den gesamten Ablauf durchgespielt haben, begonnen beim Eintreffen der Läufer bis zur Siegerehrung. Es soll nichts schiefgehen, also haben wir ein letztes Mal alle Punkte auf der Statusliste abgeklopft, von der Streckengenehmigung bei den Städten Dornheim und Neuhardt über den Einsatz von Polizei und Sanitätern bis hin zur Siegerehrung. Und natürlich den Bustransfer, über den habe ich bislang noch gar nicht gesprochen. Dabei ist der essenziell: Ohne Busse gibt es keine Rückkehr der Zehn-Kilometer-Läufer. Nur der kleinere Teil der Läuferschaft, die Halbmarathon-Fraktion kommt wieder zurück nach Sonnhaus, wo Turnbeutel und Duschen warten. Das Gros erreicht bereits nach zehn Kilometern in Grafenhorst die Ziellinie und muss irgendwie wieder nach Sonnhaus zurück. Daher also die Omnibusse. Fünf Ziehharmonika-Busse, die sonst im hiesigen Linienverkehr eingesetzt sind, werden, sobald sie halb voll sind, abseits der abgesperrten Straßen die Finisher zurück zur Turnhalle nach Sonnhaus befördern. Wir werden das Unsere dazu beitragen und die Shuttle-Flotte noch um unsere knallroten Transporter aus dem Stern-Fuhrpark ergänzen, logischerweise kommen hier nur die Pkw-Varianten infrage, die allesamt acht Sitze haben.

Marie hat sich für den Lauf total ins Zeug gelegt und mächtig viel Zeit investiert. Ich hoffe mal, dass sie danach etwas zur Ruhe kommt. Ich würde ihr es gönnen. Irgendwie hatte ich bei unserem gestrigen Treffen den Eindruck, dass sie schon etwas abgekämpft wirkt.

Ich kann nicht behaupten, dass es mir gut geht. Ich bin völlig neben der Spur. Conny und mein Chef fragen, was los sei, ich sähe so geknickt aus. Ob ich mich krankmelden und mich ausruhen wolle. Lieber jetzt zwei Tage zu Hause als nachher beim Lauf ausfallen, sagen sie. Ich versuche, mich zusammenzureißen, und lächele angestrengt. „Nein, geht schon." Ich erkläre, dass ich nicht geschlafen hätte, was keine Lüge ist. Im Grunde habe ich weder am Wochenende noch die letzten beiden Nächte ein Auge zumachen können. Es mag sein, dass ich kurz weggenickt bin, mehr aber auch nicht. In der Nacht wälze ich mich nur unruhig hin und her. Ich versuche zu lesen, um schläfrig zu werden. Doch die Handlung will nicht in meinem Kopf hängen bleiben. Die erhoffte Müdigkeit setzt ebenfalls nicht ein. Ich koche grünen Tee, um zu entspannen. Kaum habe ich daran genippt, schütte ich ihn aber auch schon wieder in den Ausguss.

Wie würdet ihr die Nachricht verdauen, dass euer früherer Freund euch mal eben zwischen Tür und Angel mitteilt, dass er ein Feuer gelegt hat? Wir reden von einem Verbrechen, bei dem ein Mensch stirbt. Und wir reden nicht über einen Brand in Timbuktu. Wir reden über einen Brand in unserer Gemeinde, der seit Wochen mein komplettes Umfeld und mich beschäftigt. Hallo, hier bemüht sich ein professionelles Ermittlerteam seit Wochen um eine heiße Spur. Und dann erfahre ich beiläufig, dass Jens der von allen gesuchte Bösewicht ist, der Feuerteufel von Sonnhaus. Er hat einen Menschen auf dem Gewissen und lässt mich mit dieser Last allein. Warum tut er mir das an? Weil er sich erleichtern wollte. Und wem kann ich mich anvertrauen? Ich kann mir nach wie vor nicht vorstellen, wie ich Mark diese Wahnsinnstat beibringen soll. Ich verstehe sie doch selbst nicht.

Und noch schlimmer: Jens quält mich mit den schlimmsten Gewissensbissen. Wäre der Brand verhindert worden, wenn er mich zum Reden gehabt hätte? Ich bin mir da eigentlich ziemlich sicher. Nicht dass ich einen besonders guten Seelsorger abgebe. Da will ich erst gar nicht den Versuch machen, mit meinem Chef in Konkurrenz zu treten. Doch Jens scheint niemanden zu haben, bei dem er sich Ballast von der Seele werfen kann, demnach auch keine neue Flamme. Sorry, das ist in dem Zusammenhang ein unpassender Begriff, aber ihr wisst, was ich meine. Hätte ich mich nur bereit erklärt, mir seinen Frust anzuhören. Ich bilde mir weiterhin nicht ein, dass es mir gelungen wäre, ihn aufzubauen. Unzählige solcher Versuche sind schon nach dem Konzert voriges Jahr gescheitert. Wahrscheinlich hätte es ihm in dem Fall aber gereicht, einfach nur eine Vertrauensperson zu haben. Mein Gott, hätte ich mich nur gemeldet! Ich gebe zu, ich bin nicht scharf darauf, mich meiner Vergangenheit und Jens zu stellen. Doch wenn ich mit einer halben Stunde Zuhören den Brand verhindert und ein Leben gerettet hätte, wäre das wohl ein zumutbares Opfer. Also bin auch ich für das Flammenmeer mitverantwortlich, ich hätte es verhindern können. Ich habe Schuld auf mich geladen und werde den Herrgott um Vergebung bitten.

Den Versuch, Mark einzuweihen, unternehme ich erst zwei Tage, nachdem ich eine Mitwisserin und in gewisser Weise auch Mittäterin bin. Eigentlich wollte ich Mark am nächsten Tag alles berichten. Sagen wir so: Ich habe es nicht übers Knie brechen wollen. Ich bin froh, dass wir uns in diesen zwei Tagen nicht getroffen, sondern nur telefoniert haben. Auch das bitte nicht falsch verstehen. Doch ein Telefonat ist mitunter einfacher, erst recht in dieser scheinbar ausweglosen Situation. Am Telefon bleibt einem der Gesichtsausdruck seines Gegenübers verborgen, da kann ich meine Gefühle noch halbwegs überspielen. Ich bilde es mir zumindest ein. Mark fragt trotzdem, ob mich etwas bedrückt, ob wir uns zu wenig sehen, ob er einen Fehler begangen habe – das Übliche eben. Ich sage, dass er sich keine Sorgen machen müsse, eine glatte Lüge.

Am Freitagabend schließlich habe ich den Mut, mich Mark anzuvertrauen, im persönlichen Gespräch. Ich weiß, dass wir uns am Samstag nicht treffen können. Anhänglich, wie frisch Verliebte so sind, würde mich die Sehnsucht normalerweise auffressen. Diesmal bin ich erleichtert, dass Mark keine Zeit für mich hat. Der Arme muss zu einer Fortbildung für Vertriebsmitarbeiter: Wie überzeuge ich den Handel, meine Apfelschorle und meine Cola-Mixgetränke in den Laden zu nehmen – und nicht die des Wettbewerbs? Auf der Schulung geht es also darum, die dafür nötige Überzeugungskraft aufzubauen. Anhand von Fallbeispielen und Rollenspielen, die mit der Kamera aufgenommen und hinterher ausgewertet werden, sollen die Vertriebsleute noch fitter im Umgang mit ihren lieben Kunden werden. Ich bin selbst erstaunt, wie gut ich das Seminarziel erklären kann, obwohl ich selbst nicht an der Schulung teilnehme, geschweige denn irgendetwas von Vertriebsaktivitäten verstehe. Na ja, Mark kann sich zumindest nicht darüber beschweren, dass ich nicht zuhören würde.

Wie gesagt, am Freitag, nachdem mich mein Gewissen schon seit zwei Tagen plagt, nehme ich all meinen Mut zusammen. Ich erkläre, dass sich Jens gemeldet hätte, und sehe, dass allein das schon Stirnrunzeln auslöst. Er kennt ihn flüchtig, das bleibt nicht aus, wenn man gemeinsam in derselben Kleinstadt wohnt und annähernd im selben Alter ist. „So?", fragt er, und meine Frage, welche Ausprägung das Thema Eifersucht bei ihm hat, ist schon beantwortet. Ich erzähle ihm die gesamte Story, freilich, ohne sie unnötig auszuschmücken. Zwischendurch holt sich Mark eine Flasche Bier aus dem Kühlschrank. Plopp, der Kronkorken fliegt in hohem Bogen auf die cremefarbenen Küchenfliesen. Mark bückt sich, um ihn aufzuheben, und stößt versehentlich den gelben Eimer für Verpackungsmüll um. Okay, meine Ausführungen lassen ihn alles andere als kalt. Auch Mark ist aufgewühlt, was mir sein Verhalten zeigt. Mal sein Urteil abwarten.

Ein „Und warum sagst du das mir und nicht der Polizei?"
tönt mir entgegen. Die Bierflasche ist leer, er hat sie ungewohnt
ruppig auf den Tisch gestellt. „Weil ich das erst mit meiner
besseren Hälfte besprechen wollte", sage ich und denke, dass
ich ihm damit eine Hand reiche. Ich muss ihn als Verbündeten
haben, sonst stehe ich das nicht durch. Mark setzt sich zu mir
auf sein hellrotes Zweiersofa, worüber ich erleichtert bin. Er
sagt, dass sei eine ganz schön heftige Geschichte. Ob ich sie
dem glaube – er vermeidet es, seinen Namen zu sagen. „So
wie er die Story erzählt hat, mit allen Details, kann er sich das
kaum aus den Fingern gesogen haben", erwidere ich und frage
mich, ob das jetzt eingeschnappt klang. Mark empfiehlt erneut,
zur Polizei zu gehen. „Du kannst den unmöglich decken –
damit machst du dich selbst strafbar."

Im Lauf des Abends wiederholt er diese Empfehlung so
oder in anderen Worten. Mark sagt, er könne das einfach
nicht glauben – einfach mal einen Brand zu legen und einen
zu killen, nur weil man sich durch einen Zeitungsartikel an-
gegriffen fühlt. Also nicht mal den Mut zu haben, um die ver-
antwortliche Redaktion rundzumachen, sondern jemanden
reinzuziehen, der völlig unschuldig sei. Jetzt weiß ich nicht,
ob er die Spedition Stern als Ganzes oder Hausmeister Maler
meint. Es spielt ja auch keine Rolle. Ich fühle mich unwohl
in der Rolle als Jens' Fürsprecher, der will ich doch auch gar
nicht sein. Also bitte ich Mark, seinen Unmut nicht an mir
rauszulassen oder mich um Erklärungen zu bitten. „Schatz,
ich kann dir das doch auch nicht beantworten. Glaub mir, ich
bin genauso durcheinander."

Während es mir Jens freigestellt hat, wie ich mit diesem
Wissen umgehen soll, verspricht mir Mark hoch und heilig,
dass er alles für sich behalten wird. Ehrenwort. Erst müssen
die Beamten alles Nötige veranlassen, vorher darf das keines-
falls die Runde machen. Alles Nötige veranlassen – ich ver-
stehe die Andeutung schon. Sie sollen Jens verhaften. Ich soll
den entsprechenden Hinweis geben, nicht er. „Du wirst den

doch wohl nicht schützen wollen, oder?" Ich bin froh, dass sich Mark auf seine Vertriebsschulung vorbereiten will. Es kann auch sein, dass er das nur vorgibt. Ich kann es nicht durchschauen, bin insgeheim aber froh darüber. Ich befürchte, dass es ein konfliktreicher Abend geworden wäre. Am Mittwoch, fünf Tage nachdem ich mich Mark anvertraut habe, und vier Tage vor unserer Laufveranstaltung bin ich noch immer nicht zur Polizei gegangen. Inzwischen schlafe ich nachts, phasenweise – aber weiterhin unruhig.

Conny und Pfarrer Seegers sind beunruhigt, weil ich noch immer einen angeschlagenen Eindruck mache. „Wir machen uns Sorgen, können wir irgendetwas für dich tun?" So oder ähnlich reagieren sie auf meinen Anblick. Ich muss schrecklich aussehen, blass, mit eingefallenen Augen. Dass ich wortkarg und schreckhaft bin, beunruhigt sie zusätzlich. „So kennen wir dich gar nicht." Jens hat sich nicht mehr bei mir gemeldet, Mark wiederum reagierte am Telefon zunächst verständnislos, dann verärgert, als er hörte, dass ich „wichtige Informationen über ein Kapitalverbrechen" einfach der Polizei vorenthalte. Ich sage, ich hätte bisher nicht den Mut dazu gefunden. „Bitte, lass mich erst die Laufveranstaltung durchziehen – ich brauche jetzt meine Kräfte dafür", flehe ich. „Und was ist, wenn sich sein Frust noch nicht gelegt hat und er dort den nächsten Anschlag verübt – dann im Beisein von einigen Tausend Menschen? Willst du das riskieren? Wer weiß, wozu der fähig ist. Wenn da was passiert, werden die dich als Mitwisserin fertigmachen."

Kapitel 11

Der Fotograf

Meine Wahl fällt auf eine überbackene Laugenstange, mit
reichlich zerlaufenem Emmentaler und vier Tomatenscheiben
drauf. Seit Charlotte auch herzhafte Snacks anbietet, muss ich
mittags nicht mehr zu meinem Lieblingsimbiss. Dann muss
mich Charlotte Torte rund um die Uhr ertragen. Ich bilde
mir ein, dass sich seitdem mittags mehr Kundschaft in ihren
heiligen Hallen rumtreibt. Hey, wir sind uns doch einig, dass
meine Zuckerbäckerin mir den brillanten Verbesserungsvor-
schlag eigentlich mit einem kleinen Geschenk honorieren
müsste? Stattdessen hat Charlotte nur unverbindlich entgegnet:
„Ich denk mal drüber nach. Salzige Sachen, warum eigentlich
nicht?" Das ist kaum zwei Wochen her, schon hat Charlotte
auch gehaltvolle Teilchen in der Auslage. So fällt meine Wahl
also auf den Tomatenimbiss, der gar nicht so übel ist. Mit der
Tomatenlaugenstange will ich einen Schlusspunkt setzen.

Ich führe meinem Körper die maximale Dosis dessen zu,
was ihm in den vergangenen Wochen verwehrt wurde. Jeden
Tag aufs Neue kam ich mit den begehrenswertesten Tomaten
in Berührung. Doch glaubt ihr, irgendjemand hätte mich das
junge Gemüse vernaschen lassen? Fehlanzeige. Meint ihr,
mir läuft nicht das Wasser im Mund zusammen, wenn ich die
prallen Früchte vor mir baumeln sehe? Cocktail-, Fleisch- oder
Flaschentomaten oder weiß der Geier, wie sie alle heißen. Fakt
ist: Es ist Mittag, ich sterbe vor Kohldampf und bekomme nicht
eine einzige ab. Stattdessen schwärmt mir der Besitzer vor, wie
aromatisch und bekömmlich sie sind und wie prächtig sie mit
Fleisch oder Käse harmonieren. Ich darf dann brav den Zoll-
stock und die Nikon zücken, Maß nehmen und abdrücken.

Manchmal wäre ich geneigt, dem Besitzer das Nikon-Gehäuse überzubraten und die Staude in Stücke zu schneiden. Die scharfe Gina beziehungsweise ihr zartes Pflänzchen hätte ich natürlich vor diesem Schicksal bewahrt. Ich will den Dingen aber nicht vorgreifen. Ihr wisst schon, ich rede vom „Rekord im Kübel" – der Sommerloch-Aktion der Neuhardter Nachrichten.

Zwei Wochen lang ziehe ich schon von Siedlung zu Siedlung, immer auf der Suche nach dem höchsten Pflänzchen. Jeder, der mir Eintritt gewährt, ist sich seines Sieges sicher: So ein Prachtexemplar haben Sie noch nirgends gesehen, heißt es sinngemäß. Wenn ihr wüsstet, was mir schon alles vor die Linse gekommen ist, bin ich geneigt zu sagen. Schätze aber, dass keiner aus der Tomatenfraktion das hören will. Gut, ich sollte nicht zu viel jammern: Bei jedem Fotoauftrag klingelt es in meinem Kässchen. Die große Fotokunst kann hinterher zwar keiner erwarten, aber vielleicht müssen meine Werke auch nicht immer preisverdächtig sein. Hauptsache, senile Leser wie der unvergessliche Kübel-Klaus mit seinen possierlichen Piepmätzen haben ihren Spaß. Guruu, guruu, sage ich nur.

Ein Glück nur, dass nicht er die Reise nach Andalusien gewonnen hat – ihr erinnert euch, das ist der Hauptpreis –, sondern Gina Gemelli. Ja, sie heißt wirklich so. Ich hab mir den Namen selbst buchstabieren lassen. Denn da die Redakteursmeute aus Neuhardt mich offenbar für befähigt genug hält, die Termine allein wahrzunehmen – kein Wunder, dass sie sich das vom Hals halten wollen –, ist es mein Part, auch noch den Namen des Züchters sowie einen O-Ton von ihm zu protokollieren. Die Redaktion macht dann im Nullkommanix eine Bildunterschrift draus. Tja, ich prophezeie euch: Bald übernehme ich dort komplett das Kommando, das bisschen Wortakrobatik bekomme ich auch noch hin. Beschwert euch dann aber hinterher nicht über die eigenwillige Orthografie.

Ob mir meine Fantasie bei Gina Gemelli einen Streich gespielt hat? Schwer zu sagen. Vielleicht hieß die Züchterin ja auch Margot Schneider und hat sich mir gegenüber nur als italienische Wildkatze ausgegeben. Egal. Jedenfalls ist sie mit ihrem engen Top so scharf, dass ich mich schon auf knallrote Peperoni auf der Pflanze einstelle. „Na, dann zeige ich Ihnen mal meine Prachtexemplare", sagt sie. „Ja bitte", lechze ich. Ein Traum, denke ich. Um im Bereich der Anzüglichkeiten zu bleiben, kontere ich mit den Worten: „Dann schauen Sie sich nur mal meine Waffe an" – und präsentiere ihr meine Nikon in voller Pracht. Für die Redaktion halte ich noch pflichtschuldig fest, dass Wildkatze Gina in Grafenhorst ein 3,12 Meter hohes Pflänzlein mit F1-Hybriden ihr Eigen nennen kann.

Gina gehört zu Mario, was mich bei unserem feurigen Aufeinandertreffen aber nicht weiter stört. Mario betreibt eine Gelateria, und Gina wollte mit einigen Tomatenstauden in hübsch gestalteten Keramikübertöpfen eigentlich nur die Gartenterrasse der Eisdiele dekorieren. Und schwuppdiwupp – schon heimst sie den Preis ein und darf nach Andalusien jetten. Hola, da komme ich natürlich mit. Sie kann ja Mario sagen, sie hätte nur eine Reise für eine Person gewonnen, und erklären, dass es üblich sei, den Fotografen mitzunehmen. Schließlich wollen sich die Leser hinterher ja auch ein paar Impressionen in der Zeitung reinziehen, während sie genussvoll auf ihren Tomaten herumkauen.

Gina, du kannst mir glauben, ich würde sogar meine Tomatenlaugenstange mit dir teilen. Vermutlich wird dir Mario aber ganz andere Gaumenfreuden aus reifen Tomaten bereiten. Also werde ich dich nicht ködern können und verspeise Charlottes Imbiss eben allein. Charlotte, versteh das bitte nicht falsch: Deine Laugenstange ist ein bekömmliches Backerzeugnis, ehrlich und frei von jeglichem Glamour. Also will ich nicht weiter meckern. Wenn du halbwegs geschäftstüchtig bist, backst du sie am Wochenende in tausendfacher Ausfertigung.

Diesen Tipp gebe ich Charlotte gleich noch persönlich. Am Sonntag ist das Café nämlich geöffnet, Charlotte stellt sich auf einen Andrang an, wie sie ihn noch nie erlebt hat. Sie hat zusätzliche Aushilfen zum Backen und für den Service verpflichtet. Tausende von Sportlern und Schaulustigen wollen schließlich versorgt werden. Sie wird neben ihrem Café auch noch andere Catering-Stände betreiben. Gäbe es nur eine Anlaufstelle, will man sich die Warteschlange nämlich besser nicht ausmalen. Bei mehreren Ständen verteilt sich das besser. Doch wenn ihr mich fragt: Was eignet sich besser als Snack für zwischendurch als eine warme Laugenstange aus der Papiertüte?

Ich glaube, ich möchte jetzt nicht in Marie Marathons Haut stecken. Wenn ich mir vor Augen halte, wie aufgeregt ich schon bin, wie soll es dann erst dem Mädel mit der Schraube ergehen? Sie hat das Ganze doch erst zum Fliegen gebracht. Und nun fiebern Tausende dem Großereignis entgegen, allen voran die Kirchengemeinden in Sonnhaus und Grafenhorst und natürlich Unmengen an Sportlern. Gut, die wieselflinken Kenianer sind in drei Tagen nicht dabei. Entweder weil es kein Preisgeld gibt, sondern nur Pokale, oder weil unsere Rauchzeichen nicht bis nach Afrika vorgedrungen sind. Aber was sind schon die Kenianer gegen unsere starken Läufer? Sie rücken aus der gesamten Republik an – Teams von Kirchengemeinden, Sportvereinen oder Freizeitläufer, ob Männlein oder Weiblein, ob Jung oder Alt.

Dabei sein ist alles, sagt mein Tanzmariechen. Ich hoffe doch, dass das auch für sie gilt und ich das Mädel mal mit tailliertem Laufdress statt immer nur im jugendlichen Schlabberlook vor die Nikon bekomme. Ich werde sie dann bitten, für mich ein paar Dehnübungen extra zu machen. Allein dann hätte sich das Event für mich gelohnt. Marie, ich werde dich mit meinen Bildern nicht enttäuschen.

Und Marie, gib fein acht, wer sich neben dir warm macht. Es könnte ein Schurke sein. Nicht dass ich mich von Kommissar Götz beeindrucken lassen würde. Aber aus seinem Umfeld habe ich gehört, dass er wohl Blut und Wasser schwitzt, wenn er an den großen Lauftreff denkt. Er muss also gar nicht erst daran teilnehmen und ist schon fix und fertig. Nachdem er bis heute in Sachen Feuer keinen Täter präsentieren konnte, hofft er inständig, dass der Feuerteufel beim Zündeln nicht auf den Geschmack gekommen ist und ein noch größeres Feuerwerk plant – diesmal mit Zuschauern. Wer weiß, wer weiß. So ein Laufevent dürfte nur schwer zu sichern sein. Wie man sich in seinem Revier erzählt, will der Kommissar seine Befürchtungen aber nicht mit der Öffentlichkeit teilen. Nicht nur weil Panik ein schlechter Laufbegleiter ist. Auch weil Götz keinerlei Ratschläge geben kann, worauf man achten sollte. Wie sieht ein Verdächtiger aus, und was macht ihn überhaupt verdächtig? Ich glaube jedenfalls nicht, dass unser Pyrotechniker im Pfarrkleid aufkreuzt, sofern er überhaupt aufkreuzt.

Die Gemeindereferentin

Ich erwäge, mein Gewissen bei Pfarrer Seegers zu erleichtern. Er ist mein Chef und als Geistlicher erfahren, wie man mit der Bürde schlechter Geheimnisse am besten umgeht. Melden und Vertrauensbruch begehen oder alles für sich behalten – mit dem Nebeneffekt, dass man damit nicht klarkommt? Ich überlege hin und her. Fragen kann ich niemanden, das ist klar. Mark hat mir deutlich genug eingebläut, dass es nach Jens' Beichte nur eine Antwort geben kann: das sofort der Polizei zu melden. Damit liefere ich ihn ans Messer, das scheint Jens aber in Kauf zu nehmen. Was mir aber auch klar ist: dass ich damit den Gemeindelauf gefährden würde. Die Story würde sofort publik werden. Und die Sportveranstaltung wahrscheinlich abgesagt. Ich kann mir beim besten Willen nicht vorstellen, dass sie durchgezogen werden würde, als sei nichts gewesen. Bisher gibt es keinerlei stichhaltige Beweise für einen Zusammenhang zwischen dem Brand und der Laufveranstaltung. Ändert sich das, ist die Folge doch sonnenklar: Keiner, wahrscheinlich nicht mal mein Chef, würde das Event durchziehen wollen, wenn nun offensichtlich ist, dass dafür ein Mensch sterben musste. Ich glaube, das wäre weder sonderlich sensibel noch besonders christlich. Es hätte etwas Verbissenes, Instinktloses.

Doch eigentlich kann es auch nicht im Interesse der Gemeinde liegen, Tausende von Sportlern aus nah und fern zu enttäuschen. Sie werden ihre Reiseplanungen längst abgeschlossen und alles Notwendige in die Wege geleitet haben. Sie stellen sich auf ein sportlich-erlebnisreiches Wochenende ein. Wie ich von Sonja gehört habe, sind wohl auch die Kapazitäten der Pensionen und Hotels in der Region nahezu ausgebucht. Hinzu kommt: Das Zusammenwachsen der beiden Kirchengemeinden in Sonnhaus und Grafenhorst wäre beim Platzen der Laufveranstaltung gehemmt oder begänne unter denkbar schlechtem Vorzeichen. Schließlich soll der Gemeindelauf die Kooperation ja öffentlich sichtbar machen und das Aufeinander-Zugehen verkörpern. Oh Mann, wenn Mark nur etwas feinfühliger wäre. Oder weniger eifersüchtig. Ich bin mir fast sicher, dass er rationaler reagiert hätte, wenn Jens irgendein Gemeindeglied und nicht mein Exfreund wäre.

Nun bin ich mit meinen Gedanken also ganz allein und fühle mich der Sache nicht gewachsen. Ich decke einen Verbrecher, der einen Menschen auf dem Gewissen hat. Ich lasse zu, dass unbescholtene Bürger befragt und verdächtigt werden, seien es die Ladenbesitzer oder die Wettbewerber von Stern. Doch bin ich wirklich allein? Gott, verzeih mir: Du lässt mich nicht allein, Dir werde ich mich anvertrauen. Ich denke an die Worte von Dietrich Bonhoeffer, einen der ganz großen Theologen des vorigen Jahrhunderts, den die Nazis ins KZ geschleppt und hingerichtet haben. Er sagt: „Die Kraft des Menschen ist das Gebet. Beten ist, Atem holen aus Gott. Beten heißt, sich Gott anvertrauen." Ich werde Bonhoeffers Rat folgen. Es reicht mir fürs Erste, Gott einzuweihen. Die Polizei und Pfarrer Seegers müssen warten. Mark wird das schlucken müssen. Ich denke, bis nach dem Lauf werde ich die Last tragen können.

Jetzt geht's los. Mannomann, ich bin ganz schön neben der Spur. Denis und Louis fragen schon: „Mama, hallo, bist du noch hier?" Sorry, Kids, ich bin gedanklich gerade nur bei unserem Sportprojekt. Morgen wird es ernst, da darf nichts schiefgehen. Ich ertappe mich immer wieder dabei, wie ich meine To-do-Listen durchgehe, mich vergewissere, ob alle Zuständigkeiten verteilt sind und ob ich alle unsere Akteure noch zusammenbekomme. Klar, eine Truppe mit rund 60 Leuten muss geführt werden. Doch das klappt prima, ich muss nur Anstöße geben, den Rest macht die Mannschaft allein. Ich bin froh über den Teamgeist in der Truppe, der sich wohl nicht zuletzt durch Clemens' modernen Führungsstil entwickeln konnte. Er weiß, wohin er will. Aber er lässt seine Leute bis zu einem gewissen Punkt mitreden. Wo dieser Punkt liegt, entscheidet sich fallweise – je nach Komplexität eines Vorhabens. Bei der Laufveranstaltung zum Beispiel habe ich das Gefühl, dass mir Clemens relativ freie Hand gibt. Also darf ich ihn auch nicht enttäuschen, sonst wird er mir das nächste Mal von Anfang an die Zügel anlegen.

60 Leute also, ein knappes Drittel hat emsig nach der Arbeit trainiert und will die Strecke mitlaufen. „Sternläufer" hat sich das Team genannt, ist doch ein schönes Wortspiel. Die anderen zwei Drittel helfen mir bei der Organisation – bei der Registrierung, als Kümmerer oder eben als Streckenposten. Jeder der Helfer hat eine Liste mit den wichtigsten Telefonnummern der anderen Helfer sowie von Polizei, Sanitätern und natürlich von Marie und meiner Wenigkeit – sozusagen den beiden Mädchen für alles – in der Tasche, für alle Fälle.

Mit dieser Mannschaftsstärke sind wir auch die größte Organisation, die in das Event involviert ist. Daher hat uns Kommissar Götz zu besonderer Wachsamkeit aufgefordert, wir hätten ja die meisten Augen am Start. Leider hat er nur sehr vage ausgedrückt, was er mit besonderer Wachsamkeit meint. Auf Nachfrage führt er dann wie folgt aus: „Gebt mir einfach sofort Bescheid, wenn euch irgendetwas spanisch vorkommt – was weiß ich, ein seltsamer Besucher, ein komisches Gespräch, in das ihr verwickelt werdet, oder irgendein unpassendes Transparent, das in die Höhe gehalten wird", sagt er. „Na ja, es ist ja bekannt, dass der Feuerteufel immer noch auf freiem Fuß ist." Pause, aha, jetzt weiß ich, woher der Wind weht. Er muss es gar nicht erst sagen: Die Polizei versucht uns am Vortag darauf einzustellen, dass unsere Veranstaltung möglicherweise ein Anschlagsziel darstellen könnte. „Das glauben Sie doch selbst nicht", erwidere ich. Doch Götz sagt: „Alles extrem unwahrscheinlich, ich würde gar keinen Wind drum machen. Schlimmer wäre es aber, wenn wir das überhaupt nicht in Betracht ziehen würden." Er versucht mich zu beruhigen, indem er darauf hinweist, dass die Polizei ihre Präsenz bei dem Event enorm erhöhen werde und die benachbarten Reviere um Verstärkung gebeten habe.

Was bleibt, ist ein mulmiges Gefühl. Mit meiner Familie muss ich das nicht unbedingt teilen. Trotzdem: Wer kann es mir verdenken, dass meine Gedanken statt beim Frühstück mit meinen Lieben beim morgigen Tag sind? Ob es noch Kaffee sein dürfe, hat mein Mann wohl soeben gefragt. Jedenfalls erwähnt er, dass er sich bereits wiederholen müsse. Und die Kids: Klar, sie kichern – alles auf meine Kosten. Soll mir recht sein, ich weiß ja, wie's gemeint ist. Ich greife zu Semmel und Salami und beiße gedankenverloren zu. „Gott sei Dank keine Geflügelsalami, Mama, was?", scherzen die Jungs, die – wie könnte es ihnen verborgen bleiben? – um die Zu- und Abneigungen ihrer Mama wissen. „Hey, dann wird es euch ja amüsieren, was mir mein Chef doch allen Ernstes vorgeschlagen hat", sage ich.

Clemens hat doch tatsächlich angeregt, einen Imbisswagen mit Geflügelspezialitäten kommen zu lassen. „Einen Hähnchengrill?!", frage ich fassungslos, und Clemens winkt schon ab, als er in meinen aufgerissenen Augen blankes Entsetzen sieht. „Na ja, nur so ein Gedanke", sagt er. Wir einigen uns darauf, dass wir mit unseren lokalen Partnern gut fahren und uns eigentlich nur der Kids wegen noch um ein Süßigkeitenmobil und ein Kinderkarussell verstärken. Ein wenig Jahrmarktstimmung kann ja nicht schaden, auf unserer kleinen Partymeile.

Was das Catering angeht, sind wir durch unsere lokalen Akteure prima versorgt, da muss kein Hähnchengrill her. Das Café Gründler wird neben Backwaren auch Leberkäs-Semmeln, rote Würste und warme Käselaugenstangen mit Tomatenscheiben anbieten. Komisch, dass Charlotte Gründler Letztere mir als besondere Delikatesse angepriesen hat. Egal, jedenfalls wird sie alles an Aushilfen einspannen müssen, was bei drei nicht auf den Bäumen ist. Eine fünfstellige Besucherzahl versorgen zu wollen, ist schon ein Kraftakt. Gut nur, dass die Mitarbeiter von Charlotte Gründler sich mit ihren Spezialitäten auf drei Stände aufteilen werden, damit sich nicht alles an einer Station staut.

Bei den Getränken sind wir ja ebenfalls bestens versorgt. Der örtliche Mineralbrunnen karrt alles her, was unter seinem Label so in die Läden kommt – von der Apfelschorle bis zum Hefeweizen. Hundert Kästen bekommen wir kostenlos, als eine Art Sponsoring. Im Gegenzug ist der Name des Brunnens auf allen Schriftstücken und Plakaten erwähnt. Den Deal mit dem Getränkebrunnen hat Marie eingefädelt. Ihr Herzblatt Mark ist dort im Vertrieb tätig und hat sofort angebissen sowie eine Mannschaft auf die Beine gestellt. Das muss echte Liebe sein. Er hat mit Marie wohl eifrig für den Wettbewerb trainiert, wird aber nun doch bei den Ausschankwagen seiner Firma bleiben. Das scheint seinem Chef wichtiger zu sein. „Umsatzmaximierung ist der bessere Sport", soll er gesagt haben.

Nicht ganz so innig ist das Verhältnis der beiden regionalen Verleger – also des streitbaren Patriarchen Ralf Ringhaus vom Dornheimer Anzeiger zu seinem smarten Pendant Martin Bärik von den Neuhardter Nachrichten. Dass von Liebe zwischen denen keine Rede sein kann, maximal von einer Art Hassliebe, ist wohl hinreichend bekannt. Und nun stellt euch vor, was wir in unserer kleinen, feinen Laufmesse in der Sporthalle noch erleben werden: einen Gemeinschaftsstand beider Verlage.

Ich traute meinen Ohren nicht, als Clemens mir davon mit einem breiten Grinsen und offenbar großer Genugtuung berichtete. „Es geschehen noch Zeichen und Wunder", sagte er. Clemens selbst war es, der das leise, aber wirkungsvoll hinter den Kulissen eingefädelt hat. Mit beiden Streithähnen hat er das Gespräch gesucht, ich habe das an anderer Stelle schon mal erwähnt. Mit zwei Gesprächen war es aber nicht getan, es waren insgesamt fünf. Jeweils zweimal hat er die Verleger einzeln aufgesucht, ehe er ein gemeinsames Gespräch moderierte – auf unserem Gelände, also auf neutralem Terrain. Und, was sagt ihr? Das Finale war alles andere als erfolglos: Clemens hat die beiden männlichen Diven bei ihrer Ehre und an ihrem Geldbeutel gepackt. Wobei ich schätze, dass der zweite Griff der entscheidendere für die beiden Verleger war. Clemens sagte, dass der Gemeindelauf doch die einmalige Chance sei, um aufeinander zuzugehen.

Die Kirchengemeinden in Sonnhaus und Grafenhorst würden es vormachen, sie könnten ein gutes Beispiel auch für andere Bereiche und Branchen abgeben. Die Inhaber der Zeitungsverlage haben den Wink mit dem Zaunpfahl schon verstanden. Sie erlebten einen perfekt vorbereiteten Clemens, der ihnen die sinkenden Auflagenstärken vor Augen hielt – hier schenken sich beide Blätter nichts. Das schlage mit Sicherheit auch auf die Erlössituation beider Verlage durch, führte Clemens aus, was die beiden Zeitungsbosse gar nicht in Abrede stellen wollten. „Wir hatten schon bessere Zeiten", haben sie Clemens zufolge kleinlaut zugegeben. Dann ging mein Chef in die Offensive und fragte: „Und warum habt ihr nicht den Mumm, das Lokalgeschehen künftig gemeinsam zu beackern – mit einem schlagkräftigeren Redaktionsteam und entsprechender Anzeigenstärke?" Die restlichen Ressorts könnten ja weiter im Wettbewerb zueinander stehen, was bei der Abgrenzung beider Blätter auch künftig helfen würde. Schweigen.

Und nun Clemens in Höchstform: „Ich bin mir sogar relativ sicher, dass ein gemeinsamer Lokalteil für Dornheim und Neuhardt auch von den Anzeigenkunden stärker goutiert werden würde." Wie er darauf komme? Er könne ja nur für die Spedition Stern sprechen, hat Clemens bescheiden gesagt. Doch noch habe er das Marketingbudget seiner Firma für das nächste Jahr nicht verplant – Image-Anzeigen, Stellengesuche, es gebe so viele Möglichkeiten, zusammenzukommen. Doch er wolle sich nicht in den Niederungen von Klein-Klein und Sublokalteilen verlieren, sondern wäre nur dann zu Inseraten bereit, wenn die Verleger ihm ein ansprechendes Umfeld und eine vernünftige Auflagenhöhe garantieren könnten. Im Übrigen – Clemens legt noch eins drauf – könne er sich vorstellen, dass die anderen Gewerbetreibenden ebenso tickten wie die Spedition Stern.

Clemens hat mal wieder alle Trümpfe ausgepackt – und das Spiel gewonnen. Wenige Tage später signalisieren ihm die beiden Verleger unabhängig voneinander, dass sie sich seine Ausführungen hätten durch den Kopf gehen lassen. „Mögliche Synergien durch die Bildung einer Zentralredaktion für die Lokalteile beider Blätter sind vor dem Hintergrund eines angespannten Anzeigenmarkts und des digitalen Wandels als ernste Option zu prüfen", schreibt Ringhaus. Was für ein Deutsch, seine eigene Redaktion würde ihn wohl dafür steinigen – wenn sie in der Position dazu wäre und sein Text das Rohmaterial eines freien Mitarbeiters wäre. Von Bärik flattert uns ein weniger gestelztes Schreiben ins Haus. Er bedankt sich für die professionelle Moderation durch Clemens Stern und erklärt schelmisch: „Jetzt darf sich die Belegschaft der Stern-Spedition bei ihrer morgendlichen Lektüre aber auch nicht beschweren, wenn der Lokalteil bald etwas anders daherkommt."

Lange Rede, kurzer Sinn: Beide Verlage begraben also das Kriegsbeil. Sie schlagen nicht nur mit einem Gemeinschaftsstand in unserer Laufmesse auf, sondern wollen nach dem Vorbild der Kirchengemeinden darüber hinaus eine Kooperation im Lokalen eingehen. Wie gut, dass eine Sportveranstaltung den Rahmen dafür bildet. So unterzeichnen die Zeitungsbosse nicht einfach nur ein schönes Dokument, was Jan Pesch als Fotomotiv nur langweilen würde. Nein, sie haben ihre Sportredaktionen für den Lauf angemeldet. Die Reporter des Dornheimer Anzeigers laufen die erste Strecke bis Grafenhorst. Dort übergeben sie den Stab – ein gerolltes Zeitungsexemplar – an ihre Kollegen der Neuhardter Nachrichten, die die restlichen 11,1 Kilometer runterspulen. „Geht aufeinander zu" – nun wird mir klar, warum es Clemens so wichtig war, das als Leitsatz über die Veranstaltung zu schreiben und den Spruch auf den Planen unserer Wechselbrücken zu verewigen. Am besten gebe ich Jan Pesch einen Wink, damit er das auch im Bild festhält.

Teil IV

Der Startschuss

Kapitel 12

Der Fotograf

Was für ein Gewusel. Wer hätte geahnt, dass ich mich mit meinen vielen Kurameraschen und meiner Nikon einmal durch die Gänge eines Ameisenhügels wühlen würde? So kommt mir das Ganze jedenfalls vor. Mein Job heute: alles, aber auch alles, im Bild festzuhalten. So haben sich Holter und sein Pendant von den Neuhardter Nachrichten am Telefon ausgedrückt. Unter normalen Umständen hätte ich mir darauf gleich einen Cognac bei Charlotte genehmigt. Noch vager geht wohl kaum. Alles, was soll das heißen? Marie Marathon in der Umkleide, den Läufer XY beim Urinieren am Straßenrand oder Gina Gemelli, wie sie nackt mit Tomaten auf der Partymeile jongliert? Gute Lust hätte ich dazu. Aber das Kapitel Tomaten ist wohl erst einmal geschlossen. Außerdem ist das Mädel mit ihrem Super-Mario ja in Andalusien. Selber schuld, sie hätte ja auch mich dabeihaben können. Na ja, nicht wirklich – wer hätte dann vom heutigen Laufspaß die Premiumbilder geliefert?

Ihr werdet euch fragen, ob ihr richtig gehört habt: Frank Holter hat mir einen Auftrag erteilt – gemeinsam mit dem Lokalchef der Neuhardter Nachrichten, ich glaube, der Vogel heißt Jörn Ritter. Wie ich zu der Ehre komme? Ehrlich gesagt, ist mir das selbst ein Rätsel. Es scheint so, als wäre zwischen den Blättern eine Art Burgfrieden eingekehrt. Und nicht nur das, angeblich wollen sie prüfen, ob sich auch Ansätze für eine Kooperation finden. Die Story über den Gemeindelauf soll dabei den Testballon, den Auftakt oder, um im Bilde zu bleiben, den ersten Schritt bilden. Was sind das nur für schnelllebige Zeiten: Nicht mal mehr eine gepflegte Feindschaft währt heute noch ein Leben lang. Doch was soll ich dazu sagen? Ich mag überrascht sein, mehr aber auch nicht. Heutzutage hat jeder Autobauer starke Partner, jeder Handwerker hat weitere Fachleute zur Hand, warum sollen nicht auch die Verlage näher zusammenrücken? In Zeiten bröckelnder Auflagen und wegsterbender Leser ist das wohl nicht die dümmste Überlegung.

Mir selbst schadet das alles sicherlich nicht: Dann beliefere ich künftig eben beide Titel, auch wenn ich mir geschworen habe, Typen wie Uli Feigling nicht mal mehr mit dem Allerwertesten anzuschauen. So schnell vergesse ich seinen unsportlichen Angriff auf die Maus mit der Schraube nicht. Ihr seht, auf Marie Marathon lasse ich nichts mehr kommen. Hut ab vor dem, was sie hier auf die Beine gestellt hat: Knapp zehntausend Sportler hat sie mobilisiert – okay, nicht nur sie, sondern das gesamte Organisationsteam, inklusive den Verantwortlichen bei der Stern-Spedition.

Ja, und wegen Marie schlüpfe ich nun durch die engsten Tunnel des Ameisenhaufens. Denn einem solchen gleicht das Umfeld der Sporthalle heute, von überall her strömen die Läufer seit den frühen Morgenstunden. Sie reisen in Bussen an, auf Fahrrädern, in Gruppen, allein, im Sportdress oder noch in normalen Klamotten. Auf alle Fälle ein Zulauf, wie ihn Sonnhaus – soweit ich mich zurückentsinne – noch nie gesehen hat. Und die Symbolik dahinter ist der Knaller: Aufeinander zugehen heißt die Devise. Das gilt für die Kirchengemeinden, die nun zu Partnern werden, aber auch für die verfeindeten Verlage.

Geht aufeinander zu – das Leitmotiv der großen Sause heute ist ja auch nicht zu übersehen, zumindest muss ich dafür nicht mal durch mein Tele schauen. Stern hat den Slogan in riesigen Lettern auf die Planen seiner Wechselbrücken drucken lassen. Sie stehen dicht aneinandergereiht auf dem Hof der Sporthalle, sodass man die einzelnen Lettern problemlos zu Wörtern verbinden kann. Vielleicht hat er die Buchstaben gar nicht aufgedruckt, sondern einfach nur aufgeklebt. Es spielt ja keine Rolle. An dem Spruch kommt jedenfalls keiner vorbei, mir gefällt er. Das will was heißen. Also habe ich ihn bereits unzählige Male mit unterschiedlichen Belichtungsreihen und aus verschiedenen Perspektiven für die Ewigkeit festgehalten. Aufeinander zugehen – für mich und die Damenwelt ist das seit Jahrzehnten gelebte Praxis.

Die Gemeindereferentin

Ich fühle mich gestärkt. Die Zwiesprache mit Gott hat mir geholfen. Mag sein, dass ich Schuld mit mir trage. Doch in ein paar Stunden werde ich sie los sein. Ich werde Jens kontaktieren und ihn bitten, sich zu stellen. Sonst werde ich der Polizei alles ausposaunen. Es tut mir leid, aber er muss wissen, dass ich mit dem Wissen über eine Straftat – und darin besteht meine Schuld – nicht klarkomme. Es wühlt mich auf, es zerreißt mich. Wie soll ich Clemens Stern und seinen Leuten in die Augen schauen, wenn ich weiß, wer ihren Hausmeister auf dem Gewissen hat? Die Vorstellung, ihnen allen zu begegnen und dabei ein Pokerface zu bewahren, ist schrecklich. Doch ich will stark sein, in ein paar Stunden ist alles vorbei und ich kann mein Gewissen endlich entlasten.

Jens hat mir ganz schön was eingebrockt. Was hatte ich mich auf die Veranstaltung gefreut, auf die vielen schönen Begegnungen mit Menschen, die von überall her kommen, um mit uns zu laufen und das Zusammengehen mit Grafenhorst zu feiern. Stattdessen weiß ich weder, wie ich Sonja und ihrem Chef begegnen soll, noch, was mich beim Treffen mit Mark erwartet. Mein Prinz kann seine Verärgerung nicht überspielen. Zumindest weiß er Privates und Berufliches zu trennen und lässt uns mit seinem Mineralbrunnen nicht hängen. Das wäre ja heiter geworden: Immerhin ist sein Arbeitgeber unser offizieller Getränkelieferant. Ohne ihn gäbe es heute weder Mineralwasser noch Mixgetränke oder Bier. Und die Mannschaft, die er zusammengetrommelt hat, ist ebenfalls schon brav um 8 Uhr zur Registrierung erschienen, im Gegensatz zu Mark und mir wirken die frisch und unbeschwert, erfüllt von der Vorfreude auf eine ebenso unbeschwerte Laufveranstaltung. Mark ist, was den sportlichen Part angeht, nun doch außen vor. Sein Chef hat ihn kurzerhand zu den Ausschankwagen abkommandiert. „Jetzt können Sie gleich anwenden, was Sie in der Schulung gelernt haben", soll er erklärt haben.

Mark habe ich vorhin nur flüchtig zugenickt. Keine Ahnung, welche Reaktion er von mir erwartet. Zeit, um sich auszusprechen, ist heute ohnehin nicht. Mit Kollegen hat er vorhin Bistro-Tische und Schirme rund um die Lkw-Anhänger gruppiert, aus denen seine Leute die Getränke servieren werden. Und ich für meinen Teil bin heute überall gleichzeitig. Ich bin mir nicht mal sicher, ob ich mich überhaupt ins Laufvergnügen stürzen soll. Sonja und ich sollten ja theoretisch den ganzen Tag ansprechbar sein. Sonja hat mich aber entsprechend motiviert und gemeint: „Na hör mal, du hast das alles schließlich zu verantworten, aus der Nummer kommst du nicht mehr raus."

Die Projektleiterin

Nur ruhig Blut. Wir haben uns lange und intensiv auf den heutigen Tag vorbereitet. Es wird schon schief gehen. Mit meinem Team bin ich seit halb sieben auf den Beinen. Meine Jungs dürfen dagegen zu Hause ausschlafen und in aller Ruhe frühstücken. Sie müssen im Gegensatz zu mir ja auch nicht Tausende von Läufern versorgen, Starterpakete mit Laufnummern und Shirts ausgeben und Instruktionen erteilen. Wo sind die Duschen, wann ist die Siegerehrung, wie befestige ich den Transponder am Knöchel und so weiter? Das alles will beantwortet werden, und das bereits in aller Herrgottsfrüh. Wie erwartet, kommen die ersten Busse bereits kurz nach unserem Eintreffen an. Die Teams wollten bei langen Anreisen auf Nummer sicher gehen und rechtzeitig hier sein. So haben sie Gelegenheit, sich vor dem Sport auch noch geistlichen Beistand zu holen. Und Pfarrer Seegers freut sich sicherlich, wenn er zum Gottesdienst im Grünen um 9.30 Uhr ein so riesiges Publikum hat.

Der Gottesdienst findet in unserem kleinen Stadion neben der Turnhalle statt, in Sonnhaus liegt ja alles irgendwie beieinander. Im Stadion gibt es eine anständige Beschallungsanlage und ausreichend Sitz- und Stehplätze. Zwei- bis dreitausend Gottesdienstbesucher bekommen wir dort problemlos unter. Und – sind wir ehrlich – mehr werden es wohl auch nicht sein. Das Gros will vorher bestimmt lieber ein ausgiebiges Zerealien-Frühstück genießen und sich danach mit ein paar Aufwärmübungen auf das Ereignis vorbereiten. Charlotte Gründler steht Gewehr bei Fuß: Haferflocken, Cornflakes, Beeren und Früchte – in ihrem Café hat sie alles in großen Mengen bevorratet. Ihr steht ein Großkampftag bevor. Das gilt erst recht für Marie, die an allen Fronten gleichzeitig kämpfen muss. Ob Läufer, Pfarrer, KGR, Aussteller, Caterer auf der Partymeile oder Presse: Allesamt werden sie sich heute auf sie stürzen. Heute scheint ihr erst richtig bewusst zu werden, was das bedeutet. Sie hat mich allen Ernstes gefragt, ob sie denn unbedingt selbst mitlaufen müsse. Hey Marie, das ist deine Party, deine Strecke, dein Ding. Du musst mitlaufen!

Die Gemeindereferentin

Ich motiviere mich, so gut ich kann, und verschwinde in der Umkleidekabine. Obwohl mich ein riesiges Gewicht nach unten drückt, bin ich doch erstaunlich leichtfüßig unterwegs – zumindest auf dem Weg zur Turnhalle, zur Kabine und retour. Was habe ich mich darauf gefreut, das eigens für den Gemeindelauf angefertigte Funktionsshirt überzuziehen. Jeder Teilnehmer wird ein Exemplar davon in seiner Größe bekommen. Es sind für Oktober außergewöhnlich milde Temperaturen vorhergesagt, also kann ich problemlos mit meinen Running Tights, neudeutsch für Laufhose, und meinem neuen Shirt an den Start gehen. Die Fleecejacke trage ich nur, bis es losgeht. Das Shirt schaut wirklich pfiffig aus – knallgelb mit rotem Schriftzug „Geht aufeinander zu – Gemeindelauf Sonnhaus/Grafenhorst". Auf der Rückseite sind die Logos der beiden Kirchengemeinden und aller Sponsoren abgebildet, unter anderem der markante Stern der gleichnamigen Spedition. Das wird bestimmt ein beeindruckendes Bild für Fotograf Pesch, wenn das knallgelbe Läuferfeld in den Startlöchern steht, davor der Start- und Zielbogen und dahinter unsere hübsche Barockkirche.

Während ich mir also die Startsituation ausmale, gehe ich zu den mobilen Lägern, an denen man seine Sporttaschen abgeben kann. Marie, welches nimmst du nur? Ich entscheide mich für das letzte – mit dem Buchstaben U darauf. U wie Unrecht, U wie Unschuld, das sind meine ersten Assoziationen. Ich denke, ich werde mir merken können, wo ich meine Sachen abgegeben habe. Als ich meine Garderobennummer einstecke, fällt mir ein weiteres U-Wort ein: unverhofft. „Grüß dich", sagt Jens. Sein Anblick verschlägt mir die Sprache. Ich bringe ein mühsames „Hallo, was machst du denn hier?" heraus. „Ich mache einen Abgang, habe wohl genug verbrannte Erde hinterlassen", entgegnet er. „Ich wollte dir noch Tschüss sagen. Mir war ja klar, dass ich dich hier treffen würde." Sein Gesicht ist noch genauso blass wie bei unserer letzten Begegnung, denke ich, während ich ihn kurz mustere. Dann fällt mir seine Sporttasche auf. „Was hast du da drin?" Das Gespräch wird unterbrochen, weil Sonja mich fragt, wann meiner Einschätzung nach die ersten Finisher in Grafenhorst eintreffen und die Busse startklar sein müssen. Ich habe sie gar nicht kommen sehen und muss kurz nachdenken. „Die ersten werden in weniger als 40 Minuten am Ziel sein", sage ich. Als ich ihr antworte, ist Jens nicht mehr neben mir. Genauso plötzlich wie Sonja neben mir auftauchte, ist Jens über alle Berge. Sonja nickt kurz und zückt ihr Smartphone, um meine Informationen weiterzuleiten.

Ich nutze die kurze Pause, um über Jens' Worte zu sinnieren. Die Bildsprache mit der verbrannten Erde hätte er sich sparen können, sorry, das klingt nach den Geschehnissen hier ziemlich makaber. Was hat er mit dem Abgang gemeint und warum schleppt er eine große Tasche mit sich rum? Im Umfeld von Tausenden von Sportlern schöpft er damit sicherlich keinen Verdacht. Nur: Warum braucht er sie, wo er selbst eh nicht der Typ Mensch ist, der sich etwas aus Laufen macht? Ich wette mein gesamtes Vermögen – das sehr überschaubar ist –, dass da keine Schuhe und Klamotten drin sind.

Mein Gott, er wird doch nicht etwa Feuerzeug und Zeitungspapier mit sich herumtragen? Will er erneut zündeln und noch größeren Schaden anrichten? Will er sich selbst etwas antun? Was hat er nur mit dem dämlichen Abgang gemeint? Jens, ich versteh dich nicht, hilf mir doch. Bitte mach keinen Blödsinn, bitte bring niemanden in Gefahr, ich flehe dich an. Was mache ich nur? Um groß etwas zu unternehmen, bleibt keine Zeit. Die Glocken läuten längst zum Gottesdienst. Ich kann es mir nicht erlauben, ihm fernzubleiben – nicht bei diesem historischen Gottesdienst, der den Auftakt zur Zusammenarbeit der Kirchengemeinden Sonnhaus und Grafenhorst markieren soll. Unser Oberbürgermeister, der Dekan und alle hiesigen Kirchengemeinderäte werden mit von der Partie sein. Pfarrer Seegers wird den Talar schon übergezogen haben und sich langsam auf den Weg auf die kleine Holzempore auf dem Spielfeld des Stadions machen – eine ungewöhnliche Veranstaltung verlangt eine ungewöhnliche Form des Gottesdienstes.

Andererseits kann ich mich an keine Kirche erinnern, die ich in den vergangenen Jahren besucht habe, die nur ein Viertel oder halb so viele Menschen gefasst hätte wie heute hier auf der Rasenfläche auf Stehplätzen und auf den Rängen auf Sitzplätzen versammelt sind. Ich bin nicht gut im Schätzen, es dürften mehrere Hundert Besucher sein, wenn nicht sogar tausend oder zweitausend. Ich nehme mir vor, im stillen Gebet Gott zu bitten, dass Jens keine erneute Kurzschlusshandlung begeht. Bitte lass diese Veranstaltung friedvoll ablaufen. Amen.

Der Fotograf

Gibt's hier was umsonst? Haben die kein Zuhause – oder kein schönes Zuhause? Das hier ist doch nicht Woodstock – außer Pfarrer Seegers macht uns gleich den seligen Jimi Hendrix und Marie Marathon die ebenfalls selige Janis Joplin. Nein, keine Angst. Ich mag zwar ein Fossil und mit analoger Fotografie aufgewachsen sein. Im Gegensatz zu den Kids von heute weiß ich nämlich noch, was ein Kleinbildfilm und Entwickler-flüssigkeit sind. Aber Woodstock war dann doch vor meiner Zeit. Klar war ich schon auf der Welt, aber ein Dreikäsehoch und auf einem anderen Kontinent. Doch hab ich mit kind-lichem Interesse in flimmerndem Schwarz-Weiß die ganzen Nackedeis aus Amerika gesehen, die mit allen Konventionen brachen. Ich war voller Bewunderung für sie. Ich habe mir dann immer meine Eltern mit Blumen im Haar und Ketten mit Peace-Zeichen um den Hals vorgestellt. Doch eher hätten sich meine Eltern der RAF oder dem örtlichen Akkordeon-Klub angeschlossen, als den Hippies hinterherzurennen, als friedvolle Blumenkinder und dazu noch ganz, wie Gott sie schuf. Gut, es gibt Dinge, die will ich mir nun vielleicht auch nicht näher ausmalen.

Und hey, der Vergleich hinkt – so wie ich, wenn ich daran denke, wie viele Gehäuse und Objektive ich heute mit mir rumschleppen muss. Aber das ist eine andere Geschichte. Denn in Woodstock war eine schlappe halbe Million Besucher, hier im Stadion tippe ich auf 2.000 bis 3.000 Leute. Die Speisung der Fünftausend wäre wohl passender als Vergleich, zumal die auch noch einen christlichen Hintergrund hat und im Buch der Bücher verewigt ist. Die Bibelstelle reiche ich euch bei Be-darf nach, erwartet nicht zu viel von einem Fotografen. Ich weiß nur noch, dass Jesus für seine Tausende von Zuhörern nicht mehr als fünf Gerstenbrote und zwei Fische auftreiben konnte, die konnte er aber wundersam vermehren, sodass alle Besucher satt wurden.

Ich darf nur Charlotte nicht davon berichten. Sonst kommt sie vielleicht auf die irrsinnige Idee, dass sie heute ebenfalls nicht mehr als fünf Brote backen muss. Das wäre fatal. Denn ich habe heute ein Anrecht auf meinen neuen Favoriten in ihrem Sortiment: eine ofenwarme Käselaugenstange mit Tomaten. Wenn ich die heute nicht bekomme, werde ich komisch. Ich male mir schon aus, wie ich reinbeiße und dabei mit Gina Gemelli verschmelze, der sinnlichen Tomatenbraut, die sich komplett mit Tomatenmark eingerieben hat und mir zuzwinkert. Contenance, Jens, du gibst dich wieder deinen Fantasien hin.

Sorry, kann ja mal passieren. Marie Marathon würde sich wohl auch über eine Laugenstange freuen. Die wird heute froh sein, wenn sie mal zum Essen kommt. Das Mädel ist total unter Strom, ständig wird sie von Menschenmassen belagert, die irgendetwas von ihr wissen wollen. Zumindest jetzt gerade scheint sie Ruhe zu haben, im Gottesdienst herrscht andächtige Stille, wir sind ja leider doch nicht in Woodstock. Obwohl, ganz so züchtig wie man es für Kirchenbesucher erwarten könnte, sind sie dann doch nicht bekleidet.

Logisch, ist ja auch kein normaler Gottesdienst. Ein Mega-Sportevent steht an, fast alle haben sich schon in Schale geworfen und ihre Laufklamotten übergezogen. Die Trainingsjacken werden sie wohl vor dem Lauf noch ablegen. In Turnschuhen zum Gottesdienst: Das wäre sonst wohl ein Affront, heute freut sich Seegers aber drüber. Der hätte sich wohl auch nie träumen lassen, dass er mal vor Tausenden von Schäflein sprechen würde, dann noch im Stadion, bei schönstem Sonnenschein im sprichwörtlichen goldenen Oktober. Es würde mich nicht wundern, wenn sein Auftritt heute in der Tagesschau gezeigt wird und er Autogramme geben muss. In jedem Fall aber wird er in den beiden Regionalblättern verewigt, die sich nun ja wieder lieb haben. Sonst wäre ich heute schließlich nicht von beiden gebucht. Also werde ich den guten Seegers mit meinem Tele ins Visier nehmen.

Es werden Bilder, die ihm schmeicheln werden. Seegers strahlt immerzu, wenn er nicht gerade damit beschäftigt ist, sein Wuschelhaar zu bändigen, am bereitgestellten Mineralwasser zu nippen oder aber – ihr ahnt es – zu predigen und zu beten. Wir sind ja schließlich im Gottesdienst. Und was für einer das ist: Friedfertig und gottesfürchtig steht und sitzt die Gemeinde beisammen. Es ist kein Grün vom Rasen oder Grau vom Beton auf den Zuschauerrängen mehr auszumachen. Jeder Quadratzentimeter im Sonnhäuser Stadion ist belegt. Und trotzdem ist die Enge nicht unangenehm: Man arrangiert sich und genießt das Gemeinschaftserlebnis. Und ihr müsstet mal hören, wie es klingt, wenn Tausende Kehlen Lieder oder Gebete anstimmen. Das zu dokumentieren, ist dann wohl eher der Part der Online-Redakteure, die inzwischen auch mit Videokameras unterwegs sind, oder natürlich der Rundfunkstationen, die Töne einfangen können. Der Fotograf ist dann überfordert, Bilder sagen mehr als 1.000 Worte, das gilt erst recht für Werke in Pesch-Premium-Qualität, Bilder sagen aber leider nicht aber als 1.000 stimmgewaltige Kehlen. Das muss ich wohl neidlos anerkennen.

Die Gemeindereferentin

Was für eine Akustik! Ihr müsstet das hören können, wenn Hunderte – oder Tausende? – von Kehlen „Nun danket alle Gott" anstimmen. „Mit Herzen, Mund und Händen. Der große Dinge tut, an uns und allen Enden." Zugegeben, sehr gewagt war die Wahl des Chorals von Martin Rinckart nicht. Er wird relativ häufig im Gottesdienst angestimmt. Warum auch nicht? Die Aussage passt eigentlich immer, die Melodie ist eingängig und der Text leicht zu merken. Ich bekomme Gänsehaut, als die Besucher mit voller Inbrunst mitsingen. Die wenigsten müssen dazu in die ausgeteilten grünen Liedblätter schauen. Dass ab der zweiten Strophe zusätzlich noch der Posaunenchor einsetzt, steigert den Gänsehautfaktor noch.

Etwas weniger bekannt, aber mindestens genauso passend finde ich das Lied „Jesus Christus, gestern und heute und derselbe auch in alle Ewigkeit." Es kommt jugendlich beschwingt daher, obwohl der Refrain schon vor langer Zeit zu Papier gebracht wurde. Das war mir ehrlich gesagt nicht bekannt, Konrad Ernst, der stellvertretende KGR-Vorsitzende, war in der Hinsicht besser informiert. „Lasst uns ihn loben für seine Liebe, lasst uns ihn loben, ihn, unseren Herrn." Diese Worte hat Wilhelm Ziel passend vor nicht allzu langer Zeit ergänzt. Der Refrain aber stammt aus der Bibel, aus Paulus' Brief an die Hebräer, genauer Hebräer 13, Vers 8, falls es jemand nachlesen will. Warum ich das explizit erwähne? Weil das Zitat in genau dem Umfeld steht, um das sich die Predigt dreht. Ich meine die Jahreslosung 2013, die ich an anderer Stelle ja schon mal erwähnt habe. Sie lautet: „Denn wir haben hier keine bleibende Stadt, sondern die zukünftige suchen wir" und steht nur wenige Worte weiter in Hebräer 13, Vers 14.

„Auch wenn das nicht die aktuelle Jahreslosung ist, so können wir uns doch noch alle an sie erinnern", sagt Pfarrer Seegers, dem die Aufregung übrigens nicht anzusehen ist. Hey, wenn ich vor dieser riesigen Menschenmenge stehen und predigen müsste, würden meine Hände zittern und ich wäre schweißgebadet. Doch ganz so cool wie mein Chef wirkt, ist er wohl nicht. Er hat mir vorher kurz gebeichtet, dass er Lampenfieber habe. „Das ist halt doch kein Gottesdienst wie jeder andere", sagte er.

Recht hat er. Denn zusätzlich sitzt noch sein Vorgesetzter, der Dekan, in der ersten Reihe. Er hat im Gottesdienst keinen größeren aktiven Part, sondern überbringt nur ein kurzes Grußwort der Landeskirche. Er dankt den Gemeinden in Sonnhaus und Grafenhorst, dass sie die Chancen des Wandels und der Veränderung erkennen und nutzen. „Der heute eingeschlagene Weg ist ein guter. Mein Respekt gilt Ihnen allen, die heute unvoreingenommen und mit großer Warmherzigkeit aufeinander zugehen", sagt er an die Adresse der Gottesdienstbesucher, die ruhig und konzentriert seinen Worten lauschen. „Doch wem sage ich das: Bei Ihnen rennen wir offene Türen ein. Ich habe die Worte ‚Geht aufeinander zu' heute schließlich schon in Großbuchstaben auf Ihren mobilen Umkleidekabinen gelesen." Der Dekan lobt, dass die Kirchengemeinden alle Mitmenschen – auch die aus den bürgerlichen Gemeinden – eingeladen haben, den Beginn der Zusammenarbeit mit ihnen zu feiern, und aus diesem Anlass eine so symbolträchtige Laufveranstaltung organisiert haben. „Der buchstäblich hohe Zulauf ist die verdiente Bestätigung, dass Sie den richtigen Weg eingeschlagen haben – der Weg in die Zukunft, der Weg in die zukünftige Stadt."

Aha, da wäre er wieder, der gute alte Jesaja. Der Dekan schlägt den Bogen zurück zur Jahreslosung 2013 und spielt den Ball weiter zu meinem Chef, der um diese Botschaft seinen Predigttext spinnt. Die Bibelstelle sei wie geschaffen für den heutigen Anlass, erklärt Pfarrer Seegers. „Wir fühlen uns wohl in Sonnhaus und Grafenhorst. Wir haben unsere Lieben, unsere Familie um uns, wir kennen und schätzen unser privates und berufliches Umfeld. Wir leben gern dort. Und trotzdem ist nichts für ewig. Nichts ist beständiger als der Wandel. Insgeheim orientieren wir uns vielleicht schon um, weil wir neugierig sind, weil wir doch noch etwas anderes erleben wollen als unser angestammtes und seit Jahr und Tag gleiches Lebensumfeld. Eine Sehnsucht erfüllt uns, eine Sehnsucht nach Veränderung. Eine Sehnsucht nach der zukünftigen Stadt, der perfekten Stadt. Böse Zungen nennen es Illusion oder Utopia, ich nenne es das Streben nach Sinn und Glück."

Für den Fall, dass ihr euch erneut fragt, wie ich alle Worte so authentisch wiedergeben kann, muss ich gestehen, dass ich mir erneut bei Conny ein Predigtmanuskript kopiert habe. Ich will den Gottesdienst einfach in Erinnerung behalten und werde mit Sicherheit das eine oder andere Mal nachlesen, was Pfarrer Seegers gesagt hat.

Doch wie sehe sie aus, die zukünftige Stadt, fragt mein Chef. Bezogen auf die Kirchengemeinde sei die zukünftige Stadt eine gemeinsame, gebildet durch die evangelischen Gemeindeglieder aus Sonnhaus und Grafenhorst. Die nun anstehende Kooperation biete die Chance, den Wunsch nach Veränderung umzusetzen, die Veränderung positiv zu gestalten, zum Wohle aller. Er sei sich sicher, dass der Gemeinde das gelinge, es brauche eben seine Zeit. Der Segen Gottes begleite diese nun anstehende Kooperation. „Sie wird viele neue Kontakte, Begegnungen und intensive neue Erfahrungen beim gemeinsamen Glauben an Gott hervorbringen."

Denn genau darum gehe es bei der Sehnsucht nach der zukünftigen Stadt, die ja eine Metapher für den Wunsch nach Erfüllung und Seligkeit sei. „Letztlich geht es Paulus in seinem Brief an die Hebräer also um den Glauben an Gott, an die bedingungslose Hingabe zu ihm und die Liebe und Geborgenheit, die wir dadurch empfangen." Pfarrer Seegers macht eine bewusste lange Pause, damit sich seine Botschaft setzen und den Läufern die nötige Kraft spenden kann. Er endet mit dem Segen aus demselben Bibelabschnitt, wieder Jesaja 13, diesmal aber die Verse 20 und 21. Pfarrer Seegers hält uns seine Hände entgegen und betet andächtig: „Der Gott des Friedens aber, der den großen Hirten der Schafe, unsern Herrn Jesus, von den Toten heraufgeführt hat durch das Blut des ewigen Bundes, der mache euch tüchtig in allem Guten, zu tun seinen Willen, und schaffe in uns, was ihm gefällt, durch Jesus Christus, welchem sei Ehre von Ewigkeit zu Ewigkeit!" – „Amen!", ertönt es wie ein Echo aus den Hunderten – oder doch Tausenden? – von Kehlen.

Amen heißt in dem Fall auch, dass es gleich losgehen wird. Die Kirche ist zwei Straßen hinter dem Stadion. In einer Dreiviertelstunde wird Clemens Stern dort den Startschuss geben. Der Andrang beim Gottesdienst gibt einen Vorgeschmack auf das, was uns gleich beim Laufen erwartet.

Kapitel 13

Die Projektleiterin

Die verkehrsberuhigte Kirchstraße ist dicht, nichts geht mehr. Den Stau haben nicht Autos, sondern Sportler verursacht. Dicht an dicht stehen sie zwischen den Absperrgittern. Den wenigen Freiraum, der ihnen bleibt, nutzen sie, um sich aufzuwärmen – indem sie springen, auf der Stelle treten oder Dehnübungen ausführen. Dahinter haben sich unzählige Schaulustige versammelt, die ihnen aufmunternde Worte zurufen, ihnen zuwinken und sie gleich nach Kräften anfeuern werden – Freunde, Angehörige und sonstige Zaungäste aus nah und fern.

Über der Barockkirche zeigt sich die Sonne und schickt ihre wärmenden Strahlen zu den Läufern, so als wollte auch sie ihnen noch eine Grußbotschaft mit auf den Weg geben. Der eine oder andere hat sich bereits gewappnet und vorsorglich eine Baseballmütze oder verspiegelte Schutzbrille aufgezogen. Ein letztes Mal prüfen die Sportler, ob die Schnürsenkel festgezogen, die Bänder mit dem Chip am Knöchel und die Startnummern am Laufshirt richtig befestigt sind. Bei den Zehn-Kilometer-Läufern gehen die Startnummern bis Ziffer 7.925, bei den Halbmarathon-Läufern bis Ziffer 1.534. Ihr seht, wir haben die Zielgröße von 10.000 Sportlern fast erreicht. Bei den Anmeldungen hatten wir die magische Mauer schon durchbrochen. Doch wie immer kommen kurz vor dem Start noch die üblichen Absagen – meist krankheitsbedingt. Klar, wer will sich schon mit einer Grippe noch körperlich verausgaben? Die Läufer haben sich gleichmäßig auf die sechs Startplätze verteilt, die Spitzenläufer der Zehn-Kilometer- und Halbmarathonfraktion jeweils in den vorderen Startblöcken, die mittelmäßigen und weniger ambitionierten Teilnehmer jeweils dahinter. Die Aufteilung ist sinnvoll. Wenn alle gleichzeitig starten, endet das nur im Chaos. Dann stehen die Langsamen nur den Schnellen im Weg, was zu Verdruss führt.

Hinter dem Startbogen hat mein Chef einen Sattelzug platziert. Die Schiebegardine des Aufliegers ist nach hinten gezogen, wie der Vorhang bei einer Bühne. Auf dem Auflieger haben es sich der Dienstleister für die Zeitmessung mit seinen Utensilien, Pfarrer Seegers, Clemens und Roiler bequem gemacht. Ja, ihr habt richtig gehört, Gert Roiler, unser IT-Nerd. Vielleicht habe ich ihm unrecht getan, denn er hat trotz seines Aussehens diverse Qualitäten. Wer hätte gedacht, dass er auch Platten auflegen und ganzen Partygesellschaften einheizen kann? Das hat er zufällig erwähnt, was zur Folge hatte, dass wir ihn umgehend für den Gemeindelauf als DJ gebucht haben.

Nun zappelt Roiler, Kosename Broiler, also auf der Behelfsbühne hin und her und stellt die Standardfragen „Seid ihr gut drauf?", „Seid ihr fit?", „Seid ihr trainiert?" und so weiter. Dann fragt er, ob auch alle wüssten, wo die Liebe sei, und schon ertönt der Nummer-eins-Hit der Black Eyed Peas „Where is the Love?" Zehn Minuten vor Start bringt Roiler die Läufer damit in Stimmung, sie springen, sie tanzen, sie kreischen und klatschen. Der kreative Mix aus Soul und Hip-Hop kommt richtig gut aus den riesigen Boxen rüber. Ich bilde mir ein, bei dem kristallklaren Sound erstmals sogar auch Justin Timberlakes Stimme rauszuhören. Ich denke: vielleicht ein gewagtes Stück für die Masse, wohl eher eine Nummer für die Jugend oder meine beiden Jungs. Doch ich sehe nur glückliche Gesichter, auch den Älteren gefällt's. Und Pfarrer Seegers offenbar auch. Das Lied ist ein Plädoyer für den Frieden, es geißelt Krieg, Leid und Elend und fragt, wo eigentlich bei den ganzen Konflikten die Liebe geblieben ist.

Als die letzten Takte verstummt sind, schreitet Seegers zum Mikro und sagt: „Wo ist die Liebe? Eine berechtigte Frage. Ich werde euch hier und heute nicht beantworten, wo die Liebe ist, sondern wer die Liebe ist: Gott ist die Liebe; und wer in der

Liebe bleibt, der bleibt in Gott und Gott in ihm. Diese Botschaft aus dem 1. Johannes 4, Vers 16 wollte ich Ihnen, liebe Sportler, unbedingt mit auf den Weg geben – möge sie Ihnen auf dem heutigen Wegstück, aber auch in Zukunft die nötige Kraft und Energie liefern. Die Vertreter der evangelischen Kirchengemeinden in Sonnhaus und Grafenhorst sind stolz, diese Veranstaltung heute abhalten zu dürfen, und wünschen Ihnen viel Freude, wunderschöne Lauferlebnisse und Gottes Segen." Ich kann das so authentisch wiedergeben, weil Seegers Assistentin Conny Lang mir das Redemanuskript ausgehändigt hat. Für die Ablaufplanung mussten wir ja wissen, wie viel Zeit er für seinen Redebeitrag braucht.

Es reicht sogar noch für ein kurzes Grußwort von Clemens. Bevor Seegers ihm das Mikro übergibt, sagt er sinngemäß, dass es für einen Kirchenvertreter und erst recht nach dem Lied der Black Eyed Peas unpassend wäre, eine Pistole für den Startschuss auszupacken. Und was liege näher, als die Lkw-Hupe als Startsignal zu betätigen, wo der verantwortliche Logistikdienstleister hinter der Großveranstaltung eigens einen Sattelzug an der Kirche postiert habe. Das ist das Signal für meinen Chef, gleich in die Kabine des neuen Actros-Fahrerhauses zu steigen. Mit dessen knapp 450 PS könnte er den Läufern lässig davonsprinten, doch das wäre ja nicht Sinn der Sache.

Bevor er die Stufen zur Kabine erklimmt, motiviert Clemens die Läufer mit einigen warmen Worten und wünscht den beiden Kirchengemeinden viel Freude und Erfolg beim gemeinsamen Weg in die Zukunft. „Aufeinander zuzugehen zahlt sich immer aus", betont er. Clemens versäumt es nicht, den Brandanschlag auf sein Unternehmen zu erwähnen. Das Feuer sei ein Schock für alle gewesen. Doch er sei bereit, auf den Täter zuzugehen. Denn auch das heiße für ihn „Geht aufeinander zu". Nicht dass er den Anschlag und seine Folgen damit herunterspielen wolle, wohl aber könne er den materiellen Schaden verzeihen. „Wofür gibt es Versicherungen und gute Mitarbeiter, die aus Situationen wie diesen das Beste machen?"

Der Brand habe die Stückgutaktivitäten vorübergehend zum Erliegen gebracht, doch binnen weniger Tage habe man den Betrieb mit Einschränkungen wiederaufnehmen können. Und nun werde bereits mit Hochdruck an einer neuen Halle gebaut. Bis dahin leiste das Provisorium – Clemens, du kannst es nicht lassen – gute Dienste.

Dann hält Clemens kurz inne und sagt mit fester Stimme: „Verstehen Sie mich bitte nicht falsch: Wer immer das getan hat, nahm auch den Tod von Dieter Maler in Kauf. Das kann ich nicht verzeihen, das ist im Übrigen auch nicht mein Part." Dafür müssten sich der oder die Täter vor dem Richter verantworten – und natürlich vor dem lieben Gott.

Der liebe Gott stehe auch hinter dem heutigen Ereignis, das Menschen und Gemeinden zusammenführe. Clemens wünscht den beiden Kirchengemeinden für die Zukunft das Beste und drückt seinen Dank all denjenigen aus, die diese Sportveranstaltung ermöglicht und auf die Beine gestellt haben. Oh, danke für die Blumen. Klar, auch ich fühle mich angesprochen, ohne dass Clemens explizit meinen Namen nennt. Über Lob freut man sich doch immer, keine Frage. Bei diesen Worten lässt es Clemens bewenden. Er schwingt sich in die Kabine des Zugfahrzeugs und drückt dreimal kräftig die Hupe. Tausende Läufer setzen sich in Bewegung, froh darüber, dass es endlich losgeht. Es dauert eine Weile, bis der Weg auch für die hinteren Startblöcke frei ist. Ebenso dauert es eine ganze Weile, bis sich die Menschentrauben auflösen, es ein Durchkommen nach vorn gibt, der Druck durch nachkommende Sportler nachlässt und jeder in seinem Tempo laufen kann.

Als die Kirchstraße leer ist, kehrt eine unerwartete Ruhe ein. Plötzlich kann man die Menschenmenge wieder überblicken. Übrig geblieben sind neben den Zuschauern die Verantwortlichen der Organisatoren und der Standbetreiber – welche aus naheliegenden Gründen die Stellung halten müssen. Da wären Pfarrer Seegers, seine Assistentin und ein Teil des Kirchengemeinderats. Da wären die örtlichen Gewerbetreibenden, die schöne Theken, Zelte beziehungsweise Stände aufgebaut haben. Charlotte Gründler, die mit ihrem Team heute nicht nur ein Café, sondern auch noch drei weitere Imbissstände zu bewirtschaften hat, gibt ihrer Crew letzte Anweisungen. Der Getränke-Partner ist nicht weniger gefordert. Ich frage mich, wer heute den einfacheren Job hat: Marie Bachmann als Organisatorin und Läuferin in einer Person oder ihr Freund Mark Kobald, der Tausende von Sportlern und Besuchern mit Getränken versorgen und für ständigen Nachschub sorgen muss.

Ich ertappe mich dabei, dass ich immer wieder zu ihm rüberlinse. Marie und er geben ein hübsches Paar ab. Wirklich viel zu sagen haben sie sich heute aber nicht. Na ja, dafür ist ja auch nicht wirklich Zeit. Während ich so über die beiden grüble, liefert sich Mark ein ziemlich heftiges Wortgefecht mit einem anderen jungen Mann. Das ist definitiv keine Liebe, denke ich mir. Mark packt den anderen am Arm, sein Gegenüber versucht, sich loszureißen. Keine Ahnung, worum es dabei geht. Sonderlich sportlich sieht das Ganze nicht aus. Marie hat ja keinen blassen Schimmer, dass ihr Traumprinz hier einen auf Rambo macht, während sie friedlich ihre Runden läuft. Was tun? Ich tippe Clemens an, der nun ebenfalls Mark und den anderen jungen Mann mustert. „Besser wir schreiten ein", sagt er und stürmt zu den Jungs, die zu diesem Zeitpunkt bereits ihre Fäuste einsetzen. Gut nur, dass die Polizei mit einem massiven Aufgebot hier präsent ist. Ich suche den erstbesten Beamten und sage, er müsse einen Streit schlichten. Zwei Jungs, beide jung und stark – das könne leicht eskalieren.

Der Fotograf

Will man mich zu Höchstleistungen anspornen, darf man mir nicht mit einer Einwegkamera kommen. Ihr versteht, worauf ich hinauswill? Ein wenig abgefahrener hätte es schon sein dürfen, wenn man zehntausend Läufer in Ekstase versetzen will. „Keep on Running" von der Spencer Davis Group oder „Jump" von Van Halen wären zum Start sicherlich keine schlechte Wahl gewesen und hätten definitiv besser zu einem Sportevent gepasst. Aber egal, ich muss nicht der ewige Besserwisser sein. Vielleicht hat sich Marie Marathon ja gedacht, dass die Meute nicht immer mit denselben Songs in Stimmung gebracht werden muss. „Where is the Love?" kam jedenfalls gut an, plötzlich bewegen sich Tausende Leutchen und singen mit. Und jeder darf sich angesprochen fühlen, vor allem meine Freunde aus der Verlagswelt. Ich übersetze nur mal sinngemäß: „Die Medien und ihre ständigen Fehlinformationen. Negative Schlagzeilen sind das Einzige, was zählt." Ich will mal hoffen, dass Ringhaus und seine Mannen die Botschaft verstanden haben.

Ihr wisst hoffentlich noch, wie viel Schmutz seine Schmierfinken über Marie und ihre frühere Liebschaft ausgeschüttet haben? Und warum? Nur um die Auflage zu steigern. Dafür wühlt man in der Vergangenheit, mutmaßt, deutet, wähnt, unkt, vergleicht, spitzt zu, orakelt, kolportiert, fehlinterpretiert, verunglimpft und denunziert. Hat es irgendetwas bewirkt? Nein, der Schuss geht voll nach hinten los. Die Redaktion manövriert sich selbst ins Abseits. Sie verliert Reputation und Glaubwürdigkeit. Mit dem Waschen von Schmutzwäsche profiliert sich auch eine Lokalredaktion nicht. Ich muss mir dazu gar nicht die Auflagenentwicklung anschauen. Ohne Druck wird Ringhaus doch niemals seine Lokalredaktion an die von Bärik löten. Nein, Freunde, der steht mit dem Rücken zur Wand, ihm bleibt keine andere Wahl. Er muss sich bewegen, sonst ist seine Party bald zu Ende.

Tja, apropos bewegen: Ich muss schleunigst an meiner Nikon schrauben und drehen. Wenn eine riesige Menschenmenge auf mich losstürmt, gleicht das dem Startsignal für eine Elefantenherde auf dem Weg zum Wasserloch. Mir bleiben genau fünf Sekunden. In dieser Zeit muss ich draufhalten, was das Zeug hält. Für Spielereien und unterschiedliche Belichtungsreihen bleibt keine Zeit. Denn ich stehe frontal zu den Läufern, mitten auf ihrer Wegstrecke, nur knapp 50 Meter von ihnen entfernt. Wenn ich nach fünf Sekunden nicht zur Seite hechte – so wie meine Kondition und mein Alter das eben erlauben –, machen die Elefanten mich platt. Ich spüre förmlich, wie sie mich niedertrampeln und mit dem Asphalt verschmelzen wollen. Töröö. Sorry, aber ein Wettkampf kennt keine Nächstenliebe, auch nicht wenn angebliche Christenmenschen dahinterstehen. Ein Fremdkörper auf dem Weg, der muss weg. Hallo, bin ich ein Qualitätsfotograf oder ein Käfer?

Worauf habe ich mich nur eingelassen? Vielleicht waren die Tanzmariechen im Fasching oder die Tomatenstauden im Sommerloch doch nicht der Tiefpunkt meiner Karriere? Ich konnte meine Nikon einstellen, so lange ich wollte, und keiner stand mir feindselig gegenüber. Gina Gemelli hat sich jedenfalls nichts anmerken lassen, als ich ihr vorgaukelte, das Festhalten einer Tomatenpflanze im Bild verschlinge im Schnitt drei bis vier Stunden. Sie wird zugeben müssen, dass sie meine Gesellschaft auch genossen hat. Von der Erinnerung wird sie nun zehren, jetzt, in der langweiligen Begleitung von Mario in Andalusien. Okay, sehen wir die Sportfotografie also als Chance. Ich schaffe den Absprung noch rechtzeitig, also den zur Seite, bevor die elefantöse Läuferschar mich vernichtet hätte.

Doch kaum sortiere ich mich am Straßenrand und wische mir mit meinem karierten Bügeltaschentuch den Schweiß von der Stirn, werde ich schon Zeuge der nächsten Feindseligkeiten. Da steht Maries Getränkekönig und zerrt an irgendeinem anderen Kerl. Erst mal ins Visier nehmen und abdrücken, bevor ich mir auch im übertragenen Sinne ein Bild von dem Ganzen mache. Ich wüsste nicht, auf wen wetten. Die haben eine ähnliche Statur und sind beide recht drahtig unterwegs. Irgendwie habe ich aber das Gefühl, als wolle sich der andere Kerl gar nicht wirklich befreien, sondern sich reinziehen, was der Getränkekönig zu sagen hat. Mein Sprudelwasser prickelt so wohltuend in der Speiseröhre? Nein, ganz sicher sprudeln aus ihm andere Worte raus. Dass es Maries Getränkekönig ist, weiß ich von der Spediteusen-Sonja. Stern hat sie mir als seine Chefkoordinatorin in Sachen Lauflogistik heute Morgen vorgestellt. Die scheint mir ziemlich auf Zack zu sein, die hat richtig Biss. Leider aber auch einen Mann und zwei Kids, ihr seht mal, was ich schon alles in Erfahrung gebracht habe.

Doch während ich darüber nachdenke, gewinnt die Auseinandersetzung hinter dem Startbogen an Schärfe. Ich rapple mich auf und setze mich in Bewegung. Doch meine grünen Freunde scheinen einen ähnlichen Gedanken gefasst zu haben. Sie schreien ihm Befehle entgegen und fordern seine Sporttasche ein. Jungs, ganz cool, denke ich mir. Wollt ihr wirklich schmutzige Socken und seinen Wechselschlüpfer konfiszieren? Bin ich im allgemeinen Tohuwabohu der Einzige, der einen klaren Kopf behält? Ehe ich mich versehe, drehen zwei Gorillas in Grün dem anderen Kerl die Arme nach hinten und eskortieren ihn weg aus dem Startbereich in eine Nebenstraße.

Der Getränkekönig blickt hinterher und lässt die Szene offenbar noch mal in Zeitlupe Revue passieren. Er macht selbst einen halbwegs perplexen Eindruck. Er grübelt und sinniert. Der Getränkekönig scheint es nicht eilig zu haben, in seinen Ausschankwagen zurückzukehren. Trotzdem gehe ich mal stark davon aus, dass er es gar nicht erwarten kann, Marie Marathon von seiner Heldentat zu berichten – wobei mir nicht klar ist, ob es überhaupt eine solche ist. „Während du spaßorientiert durch die Gegend liefst, habe ich mal eben schnell die Welt gerettet – unter Einsatz meines Lebens." Würde mich wundern, wenn er die Story nicht ohne Ende ausschmückt, ich jedenfalls würd's tun, um meine Taube zu beeindrucken. Doch was hat der andere Kerl nur ausgefressen, dass er so unehrenhaft abgeführt wird? Wer soll es wissen, wenn nicht meine Zuckerbäckerin? Bevor ich meinen MX-5 anwerfe und zum Zieleinlauf beziehungsweise Wendepunkt nach Grafenhorst düse, kann ich auf einen flinken Espresso bei ihr reinschauen. Für Cappuccino und Mandelhörnchen bleibt keine Zeit, die schnellsten Läufer werden für die zehn Kilometer nicht mal 40 Minuten brauchen. Das hat zumindest die Spediteusen-Sonja gesagt. Sie muss es wissen.

Die Gemeindereferentin

Als ich am Start stehe, ist alles ausgeblendet. Ich bin berauscht von den vielfältigen Sinneseindrücken. Ich stehe im zweiten Startblock, dort geben sich die ambitionierten Halbmarathonis ein Stelldichein, tauschen Erfahrungen aus und spekulieren über ihre Zielzeiten. In der S-Bahn hätte ich mit der Enge ein Problem, beim Sport nicht, hier im Startbereich geht sie in Ordnung. Der Körperkontakt gehört dazu, wenn ein paar Tausend Menschen dem Startsignal entgegenfiebern. Zahlreiche Läufer haben sich das den Startertaschen beigelegte knallgelbe Funktionsshirt gleich übergezogen. Das Motto „Geht aufeinander zu" ist dadurch überall präsent.

Als Spediteur Stern in seinen roten Lkw steigt und das Startsignal gibt, laufe ich wie in Trance los. Es scheint mir so unwirklich, so fern. Ich registriere gar nicht, dass ich selbst dabei bin, zu sehr sauge ich das Geschehen und das bunte Umfeld in mir auf. Quasi ohne eigenes Zutun setzt sich mein Körper in Bewegung. Ich schwimme mit im Strom der Tausenden von Läufern. Was für ein herrliches Gemeinschaftserlebnis. Kaum mache ich den ersten Schritt, hoffe ich, dass es noch sehr lange bis zum letzten ist. Das Gefühl der Unbeschwertheit, der Leichtigkeit und des Glücks – ich will es festhalten, so lange es geht. Die ganze Organisation hinter der Veranstaltung, die vielen Detailfragen, das Feuer und Jens – alles ist nun weit weg. Ich bin frei, berauscht und glücklich.

Die Freiheit bezieht sich jedoch nicht auf mein Lauftempo oder meine Schrittfolge. Anfangs schwimme ich nur mit und hoffe, alsbald zu meinem Rhythmus zu finden. Bis ich den gefunden habe, hat der Pulk, der mich umgibt, Sonnhaus verlassen.

„Kilometer 2" steht bereits auf einer Holztafel am Streckenrand. Der Abstand zwischen den Läufern wird größer. Endlich kann ich wieder selbst bestimmen, wie groß meine Schritte ausfallen und wo ich meine Laufschuhe aufsetze. Davor muss ich angestrengt nach Lücken suchen, was mein Tempo beeinträchtigt und doch mehr Kraft kostet, als ich gedacht hätte.

Die einzigen Gedanken, die mich umgeben, beziehen sich auf das, was mich antreibt und umgibt. Ich lächele, wenn ich daran denke, dass ich einen kleinen Informationsvorsprung habe, weil ich die verschiedenen Wege zu einer Strecke zusammengefügt und diese schon unzählige Male davor gelaufen bin. Ob mir die kleine Streckenkunde zum Vorteil gereicht? Wahrscheinlich nicht, ich teile mir die Kräfte dadurch nicht anders ein. Eigentlich orientiere ich mich eher an den Läufern, die mich umgeben. Wirst du mit ihnen Schritt halten können? Wie viel sie wohl für den heutigen Tag trainiert haben? Ob sie zehn oder 21,1 Kilometer laufen, muss ich mich dagegen nicht fragen. Ein Blick auf die Startnummer genügt, und ich weiß Bescheid: Den Zehnern haben wir einen roten Hintergrund für die Startnummern verpasst, den Halbmarathonis einen grünen.

Wer sein Umfeld scannt, schaut sich unweigerlich auch die Trikots an. „Ich lauf mit Gott und der Welt", lese ich auf der Rückenpartie eines schlanken Athleten vor mir. Ich tippe mal darauf, dass er heute Morgen einem der vielen Reisebusse entstiegen ist – dem Spruch nach zu urteilen ein Vertreter einer anderen Kirchengemeinde. Er wirkt jugendlich, obgleich er so gut wie keine Haare mehr auf dem Kopf hat.

„Sport verbindet", lese ich auf dem nächsten Shirt, die Anfangsbuchstaben der einzelnen Wörter sind besonders hervorgehoben – ich erkenne sofort unseren SV dahinter. Ich muss unweigerlich schmunzeln, wenn ich an den Kampf dahinter und den Boykott durch die Leichtathletik-Chefin Gerlinde Frohmut denke. Jetzt wird mir bewusst, dass sich die scheinbar weit entfernte Welt mir wieder ein Stück nähert und Erinnerungen an die Vorbereitungsphase aufkeimen. Ich sehe sie aus der Distanz und mit nötiger Gelassenheit. Streck hat ein Machtwort gesprochen und seine Saboteurin Frohmut aus dem Verein geschmissen. Dieses Kapitel ist abgeschlossen, denke ich mir. Doch eigentlich will ich nicht zurückblicken. Es ist gut, wie es ist. Will sagen: Es zählt, was heute ist.

In der Zwischenzeit schiebt sich eine flotte Läuferin rechts an mir vorbei. Rechts zu überholen, ist nicht unsportlich. Überholen ist überall erlaubt, wo es möglich ist. Wenn sie dieses Tempo durchhält, wird sie eine Spitzenzeit schaffen, sage ich mir. Auch das Mädel, das ich auf Mitte 20 schätze, ist offenbar eine Botschafterin. Auch ihr Shirt trägt eine Botschaft. „Laufend informiert" steht in großen schwarzen Lettern auf dem rechten Ärmel. Hinten aufgedruckt ist der Schriftzug des Dornheimer Anzeigers. Das ist die Zeitung, die Jens verunglimpft hat und zum Brandstifter werden ließ. Jens ist hier, Jens will einen Abgang machen, Jens trägt eine große Tasche mit sich. Oh Gott, er trägt Feuerzeuge, Zündhölzer, Papier, Brandbeschleuniger oder anderes gefährliches Zeug mit sich rum. Ich merke, wie meine Schritte schneller werden, ich sprinte, meine Atmung kommt nicht hinterher, ich ringe um Luft. Ruhig Blut, Marie, Dir sind nun die Hände gebunden. Du kannst dich erst im Ziel wieder mit Jens beschäftigen. Da lobe ich, wie frei mein Kopf zum Start ist, und mit jedem Schritt packe ich Ballast rein.

Nein Marie, denk nicht weiter darüber nach, sage ich mir. Du kannst den Lauf der Dinge nicht weiter beeinflussen. Demonstrativ wende ich mich ab und halte Ausschau nach unseren knallgelben Gemeindelaufshirts. Ich muss mein Tempo drosseln, ich muss gleichmäßig Luft holen, ich muss durchhalten, sage ich mir. Niemals hätte ich mir ausgemalt, dass mich beim Laufen etwas bedrücken könnte. Oder hatte ich es gar inständig gehofft? Hatte ich es mir nur eingeredet, als ich nah dran war, einen Rückzieher zu machen und Sonja gebeten hatte, meinen Namen von der Teilnehmerliste zu streichen?

Während meine Gedanken abschweifen, habe ich wieder harten Asphalt unter den Füßen. Ich habe den Waldboden verlassen und steuere auf Grafenhorst zu. Die Kirche ist in Sichtweite. Für das Gros der Läufer ist hier Schluss. Ich sehe die vielen startbereiten Shuttle-Busse neben der Kirche. Sie befördern die Finisher zu den Duschen und zum großen Dorffest – beziehungsweise zu unserer großen Partymeile, zu der wir den Abschnitt zwischen Turnhalle und Kirche in Sonnhaus erklärt haben. Dort ist an etlichen Ständen fürs leibliche Wohl gesorgt. Sofort denke ich dabei an Mark, dessen Arbeitgeber mit einigen Ausschankwägen heute vertreten ist. Erneut versuche ich nach Funktionsshirts des Gemeindelaufs Ausschau zu halten, auch mit Mark möchte ich mich jetzt beim Laufen nicht beschäftigen.

Piep, piep. Wo für andere Schluss ist, geht bei mir die Reise weiter. Ich habe den Ziel- und Wendebogen passiert und mache die Schleife zurück nach Sonnhaus. Unser Dienstleister für die Zeitmessung hat unter dem Bogen eine Matte platziert, in der Lesegeräte unseren Transpondern die Zeiten entlocken. Das geht mit dem besagten Piepen einher, bei mir wird demnach nicht die Ziel-, sondern die Zehn-Kilometer-Zeit registriert. Ich schnappe mir am Getränkestand noch einen Pappbecher mit Mineralwasser, den ich in zwei Zügen in mich reinschütte. Der gesamte Bereich um den Torbogen ist mit Menschen gesäumt, sie sind so dicht gedrängt, dass es mir beim Laufen schwerfällt, einzelne Gesichter auszumachen.

Ich weiß, dass der Pfarrer der evangelischen Gemeinde in Grafenhorst mit seinen KGR-Mitgliedern uns zujubeln wollte. Doch wie gesagt, ich kann im allgemeinen Gewusel niemand Bekanntes im Publikum erkennen. Auf dem Rückweg kann ich mich deutlich stärker auf mich und mein Lauftempo konzentrieren, die Laufgemeinde wird deutlich kleiner. Die vielen Gedanken, die mich beschäftigten, haben mich zumindest nicht gebremst. Ich schätze, ich bin im vorderen Drittel, also gut im Rennen. Meine anvisierte Zeit von 1:40 Stunden müsste zu packen sein. Für die zehn Kilometer habe ich 50:52 Minuten gebraucht, das geht in Ordnung.

Der Lauf ist der Höhepunkt und das Ende zugleich. Ein großes Projekt neigt sich dem Ende zu, es hat mir in den vergangenen Wochen doch viel Ausdauer und Zeit abverlangt. Doch es war ja nicht für die Katz. Im Gegenteil: Die Organisation ist top, die Läufer fühlen sich gut betreut. Ich muss sagen: Es hat Spaß gemacht. Wenn man sieht, wie man Tausende Menschen mit so einer Sause glücklich macht, ist das eigentlich schon Lob und Bestätigung genug. Perfekt natürlich, dass auch das Wetter mitmacht. Marie hat eine reizvolle Strecke ausgewählt, die machen die Tausenden von Läuferbeinen nun unsicher. Clemens hat sich ja schon über die Lautsprecher bei uns bedankt. Vorhin hat er mich per Handschlag begrüßt und mir auch noch mal zu der gelungenen Veranstaltung gratuliert.

Der Ärmste, er erlebt heute – wie natürlich die gesamte Stern-Mannschaft – ein ziemliches Wechselbad der Gefühle. Das Laufevent schweißt uns als Team zusammen und bringt uns in den beiden Gemeinden sicherlich weitere Sympathiepunkte. Der Brand aber lässt uns auch heute nicht los, die Rauchfahne ist präsenter denn je. Okay, ich will nicht länger um den heißen Brei herumreden: Ausgerechnet heute, am Tag des Laufevents, wird der mutmaßliche Feuerteufel geschnappt. Kommissar Götz wird sich gebührend feiern lassen. Seinem Ego wird es nach den ergebnislosen vergangenen Wochen guttun. Und nun die Gewissheit: Der Anschlag steht nun doch in Zusammenhang mit der Laufveranstaltung. Offenbar wollte der Täter sie verhindern. Doch ausgerechnet dort kreuzt er auf, und ausgerechnet dort klicken die Handschellen.

Clemens hat die Info mit spürbarer Erleichterung aufgenommen. Ich bilde mir ein, dass jeder in seiner Nähe den Seufzer vernommen hat. Die Nachricht von der Festnahme des Feuerteufels hat sich wie ein Lauffeuer verbreitet. Entschuldigt die Begrifflichkeit. Obwohl, je mehr ich darüber nachdenke, umso mehr kommt die Wortschöpfung einem Geniestreich gleich. Treffender könnte man beide Sachverhalte kaum mit wenigen Silben verbinden. Clemens hat Götz mehrfach am Telefon gelöchert, so groß war sein Informationsdurst – ist ja nur verständlich. Götz ließ durchblicken, dass Jens Baldauf – so heißt die Type, die sich im Talar in den Transporter schwang, um zu zündeln – bereits so was wie ein Geständnis abgelegt hat. Nichts Schriftliches oder Ausführliches, er hat sich aber dazu bekannt.

Das alles hängt wohl mit einem Artikel aus dem Dornheimer Anzeiger zusammen, der bei ihm erneut Wunden aufgerissen und den Zorn in ihm entfacht hat. Eine Kurzschlussreaktion. Wobei – wenn ihr mich fragt – schon ein Plan dahintersteckt. Schließlich hat er erst Zeitungsexemplare abgelegt und damit die Brandstiftung am Abend vorbereitet. Also von wegen Affekt. Ein Jammer ist nur, dass Marie nun aus allen Wolken fallen wird. Der Feuerteufel ist ihr ehemaliger Freund. Wahrscheinlich hat Mark irgendetwas geahnt, oder Jens hat sich ihm gegenüber heute verplappert. Anders kann ich mir die Handgreiflichkeiten zwischen den beiden nicht erklären. Mark war es dann ja auch, der die Polizei herbeirief – die war ja ohnehin in großer Zahl vor Ort.

Der Fotograf

Kinder, habt Erbarmen, ich bin erst 54 geworden. Da muss man sich schon mächtig sputen, um bei eurem Laufschritt mitzuhalten. Erst also wollt ihr Startbilder in Sonnhaus, dann den Zieleinlauf der Zehn-Kilometer-Läufer in Grafenhorst und zu guter Letzt noch den Zieleinlauf der Halbmarathon-Vertreter in Sonnhaus. Warum müsst ihr mich nur so hetzen? „Die Antwort, mein Freund, weht im Wind", würde wohl sinngemäß mein Kumpel Bob Dylan sagen, der mich von Kindheitstagen an begleitet und den es genauso wenig wie mich nach Woodstock verschlagen hat.

Doch egal: Ich hab alles gemeistert und im Kasten. Liebe Jungs und Mädels der künftigen Gemeinschaftsredaktion der Dornheimer Nachrichten: Ihr werdet begeistert sein, die nächsten Tage und Wochen könnt ihr eure Printausgaben und Online-Galerien mit so vielen Bildern fluten, wie ihr wollt. Ob Impressionen vom Gottesdienst, dem Start, der großen Sause hinterher – da ist für jeden was dabei. Na ja, Marie Marathon würde ich einen guten Teil der Bilder am liebsten vorenthalten, die mit der Rauferei ihrer beiden Kerle. Da läuft das Mädel leichtfüßig wie eine Gazelle, beim Lauf umweht von einer unschuldigen Brise aus Glückshormonen. Und dann – peng! – wird ihre schöne, heile Welt zerstört.

Nämlich durch mich. Freunde, wer soll ihr das Ganze denn sonst schonend beibringen, wenn nicht ich, das große fotografische Vorbild? Ich, dem sie vertrauen kann. Ich, der aus Ehrgefühl und Vertrautheit ihr gegenüber sogar abwinken würde, wenn sie nach Bilder der etwas anderen Art verlangen würde – also mit noch weniger am Leib als einem knallgelben Funktionsshirt mit dem Aufdruck: „Geht aufeinander zu." Erwischt, ich würde natürlich nicht ablehnen. Hey, ihr kennt mich doch inzwischen. Also, ich habe mich mittlerweile schlaugemacht: Charlottes gesundes Halbwissen hat mir für eine Anfrage bei Commissario Götz gereicht, der mir in Kürze alles geschildert hat. Er steht unter Druck, weil er heute ja noch der Presse gegenüber seinen Erfolg verkünden will. Marie weiß von all dem nichts, sie läuft in völliger Unkenntnis der Materie ihre Kilometer. Da finde ich es nur anständig, wenn sie die Nachricht von der Festnahme und vom Geständnis ihres Verflossenen nicht von irgendjemandem erfährt, sondern vom Fotokünstler höchstpersönlich.

Die bedauernswerte Kreatur! Der Artikel von Uli Feigling hat Jens Soundso – so heißt der Hobby-Pyrotechniker wohl – so sehr in Rage versetzt, dass er zurückschlagen und dem Revolverblatt eine Straftat in die Schuhe schieben wollte. Daher also die Exemplare des Dornheimer Anzeigers, mit denen er den Brand gelegt hat. Mein Gott, da war ich selbst ja auch wochenlang auf dem Holzweg unterwegs. Ich war der festen Überzeugung, der Verlag hätte beim Brand seine Finger im Spiel gehabt, wo Holter doch die Leser wissen lassen wollte, dass ein Gemeindelauf eine Schnapsidee sei. Ich muss mich also korrigieren und bin angesichts der Wendung doch erstaunt. Der Feuerteufel dürfte nun selbst zum armen Teufel werden. Noch so jung und schon verbrennt er buchstäblich auch sein Leben – oder zumindest seine nächsten Jahre.

Und unsere arme Marie Marathon weiß von den ganzen Entwicklungen noch gar nichts. Ich schaue also erst, dass ich sie in schöner Siegerpose beim Ziel vor die Linse bekomme, dann gratuliere ich ihr zu ihrer Bestzeit. Ich sage sinngemäß, dass Freud und Leid leider manchmal eng beieinanderliegen und es sie sicherlich schmerzen wird, dass ihr Exfreund wegen Brandstiftung bei Stern verhaftet wurde. Schon bin ich mir ihrer ungeteilten Aufmerksamkeit sicher. Sie schaut mich fragend an und kann sich so keinen rechten Reim auf meine Worte machen. „Sorry, das müssen Sie mir kurz erklären. Warten Sie, ich hole uns schnell zwei Isodrinks." Ich müsste lügen, wenn ich behaupten würde, dass ich die nicht genossen habe. Ja, das Mädel mit der Schraube – es ist mir doch sehr ans Herz gewachsen. Seht ihr, sie ist dankbar, dass ich sie informiere und nicht etwa ihr Getränkekönig. Wer weiß, ob der noch lange ihr König ist, wenn sie erfährt, wie er nah dran war, den anderen völlig zu verdreschen. Gut, verdient hat er es, wenn sein Gegenüber tatsächlich der fieberhaft gesuchte Feuerteufel war.

Marie Marathon hat sich soeben völlig verausgabt und mit einer richtig guten Zeit von 1:41 Stunden – sofern ich, der ich mit Sport nicht viel am Hut habe, das überhaupt beurteilen kann – die Ziellinie überquert. Und dann kommt so ein Paparazzo und meint, sie mit der Story vom Pferd beeindrucken zu können. Mit umso größerer Bewunderung registriere ich, dass sie mir die Geschichte abnimmt. Sofort fällt der Groschen, sie stellt einsilbige Zwischenfragen und gibt sich mit meinen Antworten offenbar zufrieden. Ich muss also nicht extra hinzufügen, dass ich nicht die Absicht hatte, sie auf den Arm zu nehmen. Doch lasse ich es mir nicht nehmen, sie beiläufig von meinen edlen Motiven in Kenntnis zu setzen. „Ich dachte nur, Sie sollten im Bilde sein – bevor das Ganze die Runde macht und Sie von nichts wissen. Diese Schmach wollte ich Ihnen ersparen." Wow, Jan, was für ein Auftritt. Und dann der Lohn: Das Mädel drückt seinen Dank in Form einer Umarmung aus – lässt aber schnell los. „Sorry, ich bin verschwitzt und brauche erst einmal eine Dusche."

Die hat sie sich verdient. Hey, das Mädel ist seinen Weg gegangen, hat sein Ziel verfolgt und ist mit erhobenem Haupt durch selbiges gekommen. Es scheint sogar die Tatsache mit Fassung zu tragen, dass seine frühere Flamme selbige bei Stern gelegt hat. Tja, sie hat eben Größe und Format – das passt zu mir als Mittelformat-Fan. Ich bin froh, dass ich sie auf dieser Wegstrecke mit meiner Nikon begleitet habe. Ich hoffe mal, dass Marie Marathon auch von offizieller Seite einen Schulterklopfer bekommt. Wenn nicht: Egal, dann wird der Zulauf für sie Anerkennung genug sein. Tausende von Menschen strömen zusammen, um friedlich ein gemeinsames Wegstück zu laufen. Zwei Kirchengemeinden rücken zusammen und ganz am Rande finden auch zwei verfeindete Zeitungsverlage plötzlich Gefallen aneinander. Damit nicht genug: Am Ende liegen sich alle erschöpft, aber glücklich in den Armen und feiern gemeinsam eine Riesenparty. Das sind echte Sportsfreunde. *Where is the love?* Hier ist sie, im Herzen von Sonnhaus.

Kapitel 14

Die Gemeindereferentin

Das rauschende Fest ist verklungen. Die Busse mit den Läufern sind abgefahren, die Stände auf der Partymeile abgebaut und mir schwirrt so vieles im Kopf, das ich ordnen muss. Es ist super gelaufen, im direkten und im übertragenen Sinne. Ich hab die 1:40 nicht exakt gepackt, aber hey, eine Minute hin oder her spielt doch keine Rolle. Die Sieger waren für mich unerreichbar. Den Zehner gewinnt einer von uns, einer der vielen SV-Läufer aus Sonnhaus, die sich am Ende noch in großer Zahl angemeldet haben. Der junge Hüpfer ist mit 38,04 Minuten im Ziel, zu der Zeit haben mir noch zwei Kilometer bis zum Ziel gefehlt. Beim Halbmarathon gewinnt irgendein Damian Dingenskirchen, den Namen habe ich vergessen, die Zeit nicht: 1:15:52 – für mich völlig unerreichbar. Ich habe nicht die Hoffnung, jemals nur ansatzweise in seine Nähe zu kommen, muss ja auch nicht sein. Außerdem war der Sieger, ein Theologiestudent aus dem anderen Ende der Republik, so schmächtig, dass ihn wohl die nächste Bö davontragen wird.

Doch ich will die Leistungen nicht herunterspielen: Hut ab vor diesen Ergebnissen. Ihre Pokale mit dem Logo unserer Kirchengemeinde und dem Aufdruck „Geht aufeinander zu" haben sie sich redlich verdient. Mein Chef hat die Pokale mit respektvoller Miene den Siegern am Nachmittag ausgehändigt, gemeinsam übrigens mit seinem Grafenhorster Kollegen. Und da sie die Siegerehrung erfolgreich über die Bühne gebracht haben, werden sie sich künftig auch in kirchlichen Fragen abstimmen können. Ein gemeinsamer Gottesdienst ist bereits in Planung. Den heutigen Festgottesdienst im Grünen hat unsere Gemeinde ja noch weitgehend allein vorbereitet.

Pfarrer Seegers hat mir auch noch mal gesteckt, dass eine Kombination aus Sport und Kirche für viele zunächst mal fremd und ungewöhnlich klinge. Der Gemeindelauf habe jedoch gezeigt, dass Kirche und Religion mehr Lebensbereiche erfassten als einem vordergründig bewusst sei. Dieses Wissen helfe auch bei der künftigen Gemeindearbeit – wenn es zum Beispiel darum gehe, Angebote noch besser auf die Bedürfnisse der Gemeindeglieder zuzuschneiden oder darum, die Akzeptanz der Kirche zu erhöhen und ihre Rolle in der Gesellschaft zu stärken. Er freue sich darauf, diese Themen fortan gemeinsam mit dem neuen Kollegium aus Grafenhorst anzupacken.

Er sagt, er wolle sein Lob aber nicht derart verklausuliert rüberbringen, und verweist auf die spätere Siegerehrung in der Turnhalle. Dort ruft er mich auf die Bühne. Ich rätsele kurz darüber und frage mich, warum Platz 256 beim Halbmarathon ebenfalls ausgezeichnet wird, da sehe ich schon den gelben Blumenstrauß mit den hübschen Sonnenblumen. „Als Dank für die Sonnenstunden, die Sie uns im vergangenen halben Jahr geschenkt haben, und für die Idee, die zu dem einmaligen Erlebnis heute geführt hat, an das sich Tausende von Teilnehmern lange zurückerinnern werden", sagt er. Ich versuche gar nicht erst, den Fluss meiner Tränen zu stoppen. Conny ist es, die auf die Bühne springt und mir ein Papiertaschentuch reicht. Ich nehme es dankbar an, drücke es auf die feuchten Stellen auf der Backe und versuche, mich möglichst unauffällig wieder unter das Publikum zu mischen, zurück zu Sonja, die mir erst zunickt und mich dann drückt.

In diesem Moment sind die – nennen wir sie – störenden Begleiterscheinungen des Laufs weit weg. Sie ergreifen von mir Besitz, als die Siegerehrung zu Ende ist und der seltsame Vogel aus Sonjas Firma, Gert Roiler heißt der Nerd, den DJ gibt. Nein, bitte keine Stimmungsmusik, ich schleiche mich raus und schlendere durch die Partymeile, die am Nachmittag schon weitgehend verwaist ist. Charlotte Gründler packt ihre übrigen Fleischkäswecken und Laugenstangen in orangefarbene

Kisten, Mark sammelt Gläser von den Bistro-Tischen rechts und links von einem seiner Ausschankwägen ein. Er sieht mich noch nicht, dabei soll es bleiben. Ich mache kehrt. In meiner Verfassung ist mir nicht nach Reden zumute, nach Aussprache, Erklärungen oder was auch immer.

Ich bin halbwegs auf dem Laufenden – auch ohne dass ich von Mark nur eine Silbe erfahren hätte. Schlimm genug, dass mich Pesch abfangen und mir das Ganze brühwarm auftischen muss, kaum dass ich im Ziel eingelaufen bin. Mit Verlaub, aber wie kommt der eigentlich drauf? Klar, wir sind durch die Vorbereitungen auf den Lauf wohl so etwas wie Weggefährten geworden, so oft, wie wir dabei miteinander zu tun hatten. Aber so nahe stehen wir uns deshalb noch lange nicht, dass er sich berufen fühlt, mir solche Hammer-Meldungen zu überbringen. Wie kann man auch so unsensibel sein und einen im absoluten Stimmungshoch, im Freudentaumel unmittelbar nach dem Zieleinlauf, so runterholen und einem ohne Vorwarnung die Party verderben, auf die ich so hingefiebert habe? Pesch fühlt sich womöglich noch gut dabei, als Kumpel, Komplize, in seiner Vaterrolle oder was auch immer. Ich bin völlig hilflos und kann nicht mehr, als mich kurz mit einer Umarmung zu verabschieden. Ich muss allein sein und nachdenken.

Jens kommt also nur deshalb nach Sonnhaus, weil er sich sicher ist, mich dort anzutreffen. Er will mir mitteilen, dass er für eine Weile verreisen möchte, um den Kopf frei zu bekommen. Offenbar hat er Urlaub eingereicht, wie ich mir später aufgrund der Informationen von Kommissar Götz und Fotograf Pesch zusammenreime. Denn in seinem Koffer sind weder Feuerzeug noch Schwarzpulver oder Papier – oh Gott, ich bin mal wieder vom Schlimmsten ausgegangen –, sondern schlicht Wechselwäsche und ein Bahn-Ticket zu seiner Tante nach Österreich. Offenbar sucht er Ruhe und die Auseinandersetzung mit der Tat und ihren verheerenden Folgen. „Abgang" heißt also lediglich „Verreisen", er will sich und anderen nichts antun.

Doch Jens schafft es nicht mal mehr zum Bahnhof. Er wird noch am selben Tag dem Haftrichter vorgeführt und sitzt nun in U-Haft. Kommissar Götz lässt sich für seinen Erfolg mächtig feiern. Unter normalen Umständen hätte ich ihm alles gegönnt, wäre der Brandstifter mir unbekannt. Jens ist ausgetickt, da war kein Plan dahinter. Er wollte zündeln, aber keinen verletzen. Nun ja, die Staatsanwaltschaft sieht es anders, wenn die Anklage an schwerer Brandstiftung festhält, muss Jens mindestens ein Jahr einsitzen.

Doch warum muss Mark ihn verpfeifen? Bereitet es ihm eine solche Genugtuung, an Jens zu zerren ihn zu beschimpfen, ihn einzuschüchtern und ihm die Polizei auf die Fersen zu hetzen? Versteht mich nicht falsch, man muss für seine Taten und Sünden geradestehen, das gilt auch für Jens. Doch eigentlich wäre es meine Aufgabe gewesen, ihn zu überzeugen, sich zu stellen. Genau das wäre meine erste Amtshandlung nach der Laufveranstaltung gewesen. Ich wollte Letztere nicht mit einer vorherigen Festnahme von Jens gefährden, die sicherlich viele Fragen aufgeworfen hätte. Aber das habe ich bereits an anderer Stelle erklärt.

Nur geht in meinen Kopf nicht rein, warum ausgerechnet Mark hier so eine Szene macht und Jens diese Schmach zufügt. Ich hätte Jens die Chance gegeben, sich selbst zu stellen. Die hat er nun nicht mehr – nicht mal diesen Funken Anstand wollte Mark ihm lassen. Dass es sicherlich auch das Strafmaß reduziert hätte, wenn sich Jens selbst gemeldet hätte, lässt Mark dabei auch völlig außer Acht. Hauptsache, er kann die Party als Bühne nutzen und sich selbst inszenieren. Ihm ist nicht mal bewusst, dass das eigentlich nicht seine Party, sondern die zweier Gemeinden ist.

Oh Mann, was ist nur aus meinem Traumprinzen geworden? Stärkeren Schaden könnte sein Ansehen bei mir wohl nicht nehmen. Beziehungen können nur überleben, wenn sie auf Vertrauen aufbauen. Das hat er jetzt zerstört. Er hat mit seiner Meinung nie hinterm Berg gehalten, mir aber hoch und heilig versprochen, sich rauszuhalten, die Entscheidungen mir zu überlassen. Von wegen Ehrenwort. Damit ist es bei ihm offenbar nicht weit her. Was nun wohl weiter aus uns wird? Das weiß wohl nur der liebe Gott.

Ob der Herrgott Gefallen an dem findet, was wir kleine Gemeinden hier so anstellen? Die Kirchengemeinderäte in Sonnhaus und Grafenhorst sind davon überzeugt. Die Kooperation sei auf einen guten Weg gebracht, sagen sie. Beide Gemeinden würden davon profitieren. Nun müsse man dem Ganzen die nötige Zeit geben. Erst dann könne man die Früchte ernten. Ich habe jedenfalls ein gutes Gefühl. Den Lauf der Dinge haben wir mit einem Laufevent ein klein wenig beeinflusst, zum Guten, wie ich meine.

Der Dornheimer Anzeiger/Die Neuhardter Nachrichten, 11. Oktober

Sport verbindet Gemeinden – 10.000 Läufer auf den Beinen
Von Uli Gebauer und Michael Morgenthal
Sonnhaus/Grafenhorst. „Geht aufeinander zu" – die beiden evangelischen Kirchengemeinden Sonnhaus und Grafenhorst haben diese Maxime wörtlich genommen. Aus Anlass ihrer anstehenden Kooperation stellten sie am gestrigen Sonntag eine gemeinsame Laufveranstaltung auf die Beine, an der sich knapp zehntausend Sportler aus nah und fern beteiligten. Die Strecke über zehn Kilometer entschied der 20-jährige Noah Henzler vom SV Sonnhaus mit einer Zeit von 38,04 Minuten für sich, beim Halbmarathon hatte der Theologiestudent Damian Dremold aus dem Team der Kirchengemeinde Wallhorn mit einer Zeit von 1:15:52 die Nase vorn. Der Startschuss hatte den Klang einer Lkw-Hupe. Clemens Stern, Geschäftsführer der Spedition Stern, betätigte diese pünktlich um 11 Uhr. Aufgabe seiner Firma war es, die Logistik hinter der Veranstaltung zu organisieren.
Die Lkw-Hupe ertönte unmittelbar vor der Sonnhäuser Kirche. Von da aus ging es aus der Ortschaft raus, durch den Forst,

zur Grafenhorster Kirche und für die Halbmarathonis mit einem kleinen Umweg wieder retour. Für die Wahl der Strecke zeichnete Gemeindereferentin Marie Bachmann aus Sonnhaus verantwortlich. Sie hatte im Frühjahr die Idee zu dem Gemeindelauf. So ließ sie es sich auch nicht nehmen, sich selbst die Sportschuhe überzuziehen. Mit einer Zeit von 1:41:17 finishte sie den Halbmarathon.

Bevor die Läufer an den Start gingen, hatten Dekan Benjamin Keuler und der Sonnhäuser Pfarrer Julian Seegers bei einem gemeinsamen Gottesdienst vor rund 3.000 Zuhörern im Fußballstadion des SV die Notwendigkeit einer Kooperation der zwei Gemeinden betont. Nur dann lasse sich die Qualität der kirchlichen Angebote halten oder sogar noch steigern. Der gemeinsame Weg sei der richtige, sagte Seegers und wies auf die Jahreslosung 2013 hin, die hervorragend zur neuen Phase der Umorientierung und des Aufeinander-Zugehens passe. Die Bibelstelle aus Hebräer 13, Vers 14 lautet: „Denn wir haben hier keine bleibende Stadt, sondern die zukünftige suchen wir."

An der Laufveranstaltung haben sich in Sonnhaus alle Einzelhändler beteiligt, zum Beispiel bei einer Laufmesse in der Sporthalle oder in Form von Essensständen in den zur Partymeile umgewandelten Straßen von der Turnhalle zur Kirche. Nach Schätzung der Veranstalter besuchten rund 15.000 Menschen das Sportereignis, davon zwei Drittel aktiv, der Rest als Zuschauer oder Helfer.

Infokasten

Wie die Kirchengemeinden in Sonnhaus und Grafenhorst gehen auch die Lokalredaktionen des Dornheimer Anzeigers und der Neuhardter Nachrichten in den nächsten Monaten aufeinander zu. Beide Lokalredaktionen werden künftig Möglichkeiten einer Zusammenarbeit prüfen. Ein künftiges gemeinsames Angebot stärkt die Position der Redaktionen. Sie werden ihre

Schlagkraft sowohl in der Print- als auch in der Online-Ausgabe damit deutlich erhöhen können. Das jeweils vergrößerte Verbreitungsgebiet wertet die Titel auch für Anzeigenkunden auf. Der heutige Bericht über das gestrige Laufereignis bildet den Auftakt für die geplante weitere Zusammenarbeit beider Blätter.

Bildunterschriften: Bild 1: Mit Gottes Segen: Vor der Kirche gibt Spediteur Stern das Startsignal für die rund 10.000 Läufer. Bild 2: Ausgelassene Stimmung bis in den Nachmittag: Auf der Partymeile tauschen die Sportler bei Speis und Trank ihre Lauferlebnisse aus.

Viele weitere Laufeindrücke in unserer Bildergalerie auf unserer Homepage. Fotos: Jan Pesch

Der Dornheimer Anzeiger/Die Neuhardter Nachrichten, 11. Oktober

Brand bei Spedition Stern: Feuerteufel gefasst
Von Uli Gebauer und Michael Morgenthal
Sonnhaus. Erfolgsmeldung für Kommissar Sascha Götz, den leitenden Ermittler im Fall des Brandanschlags auf die Spedition Stern in Sonnhaus. Zwei seiner Beamten nahmen am Rande der gestrigen Laufveranstaltung der evangelischen Kirchengemeinden in Sonnhaus und Grafenhorst einen 25 Jahre alten Sanitärhandels-Einkäufer aus Meutingen fest. Er soll Götz zufolge den Anschlag vom August gestanden haben, bei dem der Hausmeister der Spedition ums Leben kam und eine komplette Lagerhalle ausbrannte. Ein Mitarbeiter des für den Getränkeausschank zuständigen Dienstleisters hatte die Polizei alarmiert. Offenbar hatten der Täter und er sich über eine gemeinsame Freundin gekannt.

Als Motiv für die Tat gibt der Täter nach Polizeiangaben Ärger über angeblich falsche Beschuldigungen durch die Presse an. Es geht um seine Rolle bei der Organisation eines gefloppten Konzerts der Band „The Kids" in Meutingen. Er habe den Brandanschlag dem Dornheimer Anzeiger in die Schuhe schieben und dem Blatt damit einen Denkzettel verpassen wollen. Daher verwendete der mutmaßliche Täter auch alte Ausgaben des Blatts, um das Feuer zu entfachen. Das sollte die Ermittler der inzwischen aufgelösten Soko Feuer auf die falsche Fährte des Verlags führen. Tatsächlich war der Ringhaus-Verlag, der nichts mit dem Brand zu tun hat und diesen verurteilt, völlig zu Unrecht von Beamten durchkämmt worden.

Bildunterschrift: Der Feuerteufel ist gefasst. Bei dem verheerenden Brand auf dem Gelände der Spedition Stern war im August ein Mensch ums Leben gekommen. Foto: Jan Pesch

Epilog

Die Bäume im Sonnhäuser Forst sind kahl geworden. Das braun verfärbte Laub liegt auf den Wegen. Dort hat es sich mit Erde zu einer klebrigen Masse vermischt. Sie knirscht bei jedem Schritt unter den Sohlen der Läuferin. Der Herbstwind pfeift durch die kahlen Bäume und Marie Bachmanns Haare. Sie atmet ruhig und gleichmäßig die kühle Herbstluft ein. Ebenso entspannt ist ihr Tempo. Es lässt den Schluss zu, dass sie heute keine längere Laufeinheit eingeplant hat. Der Genuss soll im Vordergrund stehen – möglicherweise auch die Reflexion. „Girl on Fire" dröhnt aus den weißen Ohrhörern des iPods, das am Saum ihres Laufshirts baumelt. Auf dem Polyestershirt in der Farbe eines Kanarienvogels prangen die Logos der evangelischen Kirchengemeinden Sonnhaus und Grafenhorst sowie die Worte „Geht aufeinander zu". In den vergangenen beiden Wochen nach dem Gemeindelauf hat Marie Bachmann das Shirt schon dreimal übergezogen. An einem kalten Morgen wie diesem stülpt sie es über ihr langärmliges schwarzes Shirt, so transportiert sie etwas Farbe in den Wald und eine Botschaft zu ihren Mitmenschen.

Die Gemeindereferentin ist die gewählte Route in den vergangenen Wochen häufig gelaufen. Es handelt sich um das Streckenprofil zum Halbmarathon, das sie selbst konzipiert hat. Bis auf einen Fahrradfahrer, der flink an ihr vorbeibraust und ihr zunickt, und eine Spaziergängerin mit weißem Schäferhund ist ihr noch keine Menschenseele begegnet. Umso überraschter reagiert sie auf die sich abzeichnende Silhouette eines Läufers, der ihr auf dem Waldweg entgegenläuft. Auch er trägt ein gelbes Funktionsshirt mit dem gleichen Aufdruck, nur eben das weiter geschnittene Pendant für Männer in Größe L.

„Geht aufeinander zu" ist auch auf seinem Shirt zu lesen. „Ich dachte, ich nehme das Motto einfach mal wörtlich", sagt der junge Mann, der an diesem Morgen bereits mit Läufermütze und Handschuhen unterwegs ist. „Vielleicht freust du dich ja über einen gut trainierten Laufpartner, der dich an diesem kalten Herbstmorgen zu Höchstleistungen anspornt." Marie Bachmann entgegnet, dass sie doch bereits Gesellschaft habe. „Ach klar, der Herrgott ...", sagt Mark Kobald. „Nein, diesmal meine ich mein iPod", erwidert Marie Bachmann und lächelt. Sie schnappt sich das kleine Gerät und schaltet es aus. „Jetzt musst du halt Alicia Keys Part übernehmen und mich unterhalten." Sie boxt Mark leicht in die Seite und sagt: „Hey, schön, dich zu sehen. Wo hast du dich nur so adrett eingekleidet?"

Der Autor

Matthias Rathmann, geboren 1976,
ist seit 2009 Chefredakteur des Fach-
blatts „trans aktuell", einer führenden
Fachzeitschrift für die Transport-
und Logistikbranche. Dem Redak-
tionsteam dort gehört er bereits
seit 2003 an. Zuvor absolvierte er
ein Volontariat mit Schwerpunkt im
Wirtschaftsressort bei den Stuttgar-
ter Nachrichten und war dort ein halbes Jahr als
Politikredakteur beschäftigt. Rathmann machte
nach dem Abitur eine Ausbildung zum Speditions-
kaufmann bei dem Schweizer Unternehmen Dan-
zas. Danach studierte er Betriebswirtschaft an der
FH Nürtingen. In Nürtingen wohnt er heute auch
mit seiner Frau und seinen zwei kleinen Töchtern.
Der Journalist ist passionierter Läufer, er absolvierte
bereits fünf Marathons.

Der Verlag

*Wer aufhört
besser zu werden,
hat aufgehört
gut zu sein!*

Basierend auf diesem Motto ist es dem novum Verlag
ein Anliegen neue Manuskripte aufzuspüren, zu ver-
öffentlichen und deren Autoren langfristig zu fördern.
Mittlerweile gilt der 1997 gegründete und mehrfach
prämierte Verlag als Spezialist für Neuautoren in
Deutschland, Österreich und der Schweiz.

**Für jedes neue Manuskript wird innerhalb
weniger Wochen eine kostenfreie, unverbind-
liche Lektorats-Prüfung erstellt.**

Weitere Informationen zum Verlag und
seinen Büchern finden Sie im Internet unter:

www.novumverlag.com